儒者的智慧

郭齐勇 著

北京出版集团公司
北京出版社

图书在版编目（CIP）数据

儒者的智慧 / 郭齐勇著. — 北京 ：北京出版社，2019.3

（大家小书）

ISBN 978-7-200-14434-5

Ⅰ. ①儒… Ⅱ. ①郭… Ⅲ. ①儒学—文集 Ⅳ. ①B222.05-53

中国版本图书馆 CIP 数据核字（2018）第 217652 号

总 策 划：安　东　高立志　　责任编辑：高立志

·大家小书·

儒者的智慧

RUZHE DE ZHIHUI

郭齐勇　著

出　　版　北京出版集团公司

　　　　　北京出版社

地　　址　北京北三环中路 6 号

邮　　编　100120

网　　址　www.bph.com.cn

总 发 行　北京出版集团公司

印　　刷　北京华联印刷有限公司

经　　销　新华书店

开　　本　880 毫米 ×1230 毫米　1/32

印　　张　8.125

字　　数　140 千字

版　　次　2019 年 3 月第 1 版

印　　次　2019 年 3 月第 1 次印刷

书　　号　ISBN 978-7-200-14434-5

定　　价　45.00 元

如有印装质量问题，由本社负责调换

质量监督电话　010-58572393

总　　序

袁行霈

“大家小书”，是一个很俏皮的名称。此所谓“大家”，包括两方面的含义：一、书的作者是大家；二、书是写给大家看的，是大家的读物。所谓“小书”者，只是就其篇幅而言，篇幅显得小一些罢了。若论学术性则不但不轻，有些倒是相当重。其实，篇幅大小也是相对的，一部书十万字，在今天的印刷条件下，似乎算小书，若在老子、孔子的时代，又何尝就小呢？

编辑这套丛书，有一个用意就是节省读者的时间，让读者在较短的时间内获得较多的知识。在信息爆炸的时代，人们要学的东西太多了。补习，遂成为经常的需要。如果不善于补习，东抓一把，西抓一把，今天补这，明天补那，效果未必很好。如果把读书当成吃补药，还会失去读书时应有的那份从容和快乐。这套丛书每本的篇幅都小，读者即使细细地阅读慢慢地体味，也花不了多少时间，可以充分享受读书的乐趣。如果把它们当成补药来吃也行，剂量小，吃起来方便，消化起来也容易。

我们还有一个用意，就是想做一点文化积累的工作。把那些经过时间考验的、读者认同的著作，搜集到一起印刷出版，使之不至于泯没。有些书曾经畅销一时，但现在已经不容易得到；有些书当时或许没有引起很多人注意，但时间证明它们价值不菲。这两类书都需要挖掘出来，让它们重现光芒。科技类的图书偏重实用，一过时就不会有太多读者了，除了研究科技史的人还要用到之外。人文科学则不然，有许多书是常读常新的。然而，这套丛书也不都是旧书的重版，我们也想请一些著名的学者新写一些学术性和普及性兼备的小书，以满足读者日益增长的需求。

“大家小书”的开本不大，读者可以揣进衣兜里，随时随地掏出来读上几页。在路边等人的时候，在排队买戏票的时候，在车上、在公园里，都可以读。这样的读者多了，会为社会增添一些文化的色彩和学习的气氛，岂不是一件好事吗？

“大家小书”出版在即，出版社同志命我撰序说明原委。既然这套丛书标示书之小，序言当然也应以短小为宜。该说的都说了，就此搁笔吧。

自　　序

我于2015年11月应邀到香港中文大学讲学，出任新亚书院第二届“新亚儒学讲座”主讲。我很惭愧获此殊荣。

新亚书院由著名学者钱穆、唐君毅创办，是香港中文大学初成时的三大书院之一。新亚书院人文主义的理想，成为香港中大的精神与办学宗旨。新亚书院举办了多个学术文化讲座，如“钱宾四先生学术文化讲座”、“儒学讲座”等，是高端的学术平台，每年邀请世界杰出学者演讲，成为国际学术交流的品牌，深获学术文化界重视。“新亚儒学讲座”由新亚前任院长信广来教授创设，梦周文教基金会赞助，正式创立于2013年，旨在弘扬儒学，探讨儒家思想对个人、社会，对中国与世界未来发展的意义。第一届“新亚儒学讲座”主讲为杜维明先生。

根据“新亚儒学讲座”的安排，我作了三场演讲：《“亲亲相隐”与“大义灭亲”的伦理与法理之反思》、《现代三圣：梁漱溟、熊十力、马一浮》、《〈礼记〉哲学诠释的四个向度》。三场报告分别面向学生、市民与学者。此次访港，我还应邀到香港科技大学演讲了我有关楚简的一项研究成果。

返回武汉不久，接到北京出版集团熊术之先生的来电，他在网上看到我在香岛讲学的信息，建议我以香港诸演讲为基础，再加上几篇论文与讲稿，出一本小书，纳入该社“大家小书”丛书。当我知道“大家小书”的作者是蔡元培、罗庸、嵇文甫、赵朴初等先生时，大为惶恐，拒绝了这一建议。吾人后生小子，怎敢与这些前辈大师相提并论？况且业师萧萐父先生尚未列入其中。

经熊先生再三劝说，我同意由北京出版集团先重版市面已罕见的恩师萧公之《中国哲学史史料源流举要》，再编一本萧公的文集纳入“大家小书”丛书之后再出我的小册子。《中国哲学史史料源流举要》于去岁由北京出版集团之文津出版社新版后，我和熊术之先生不揣简陋，商讨选定萧公之纳入“大家小书”的文集《中华慧命续千年》，又由熊先生嘱托，赘《贯通的诗哲》一篇为萧公该集的代前言。

于恩师著述整理稍尽绵薄之力后，我勉为其难地将近年的一些演讲与旧文编成拙书。主要由我在新亚儒学讲座上的讲稿，在国家图书馆部级干部历史文化讲座上的讲稿以及提交国际会议的学术论文组成。

根据本丛书编者的意图，应尽可能做到深入浅出，故本书收录各篇，注意到便利读者从一定角度走近儒学，理解其精义。拙书不妥之处，敬请方家、读者不吝赐教。

是为序。

郭齐勇

戊戌春于武昌珞珈山麓

目 录

一、现代三圣：梁漱溟、熊十力、马一浮

现代新儒学思潮，大体上有三代学人。第一代学人中有梁漱溟、熊十力、马一浮等先生，三先生及其弟子交往甚密，属于一个“文化共同体”。我们先分别介绍三先生的学术与人生，再讲他们之间的联系，他们的人格境界。

（一）三先生的行迹

梁漱溟先生（1893—1988）是一位性格特异、风骨嶙峋的人物。他是桂林人，但生长在北京。他并未接受过旧式教育，他的父亲很开明，让他在新式学堂里接受了小学、中学教育。1916年，梁先生在《东方杂志》上发表学习佛学的心得《究元决疑论》，很受北大蔡元培校长的赏识，蔡校长即与

文科学长陈独秀商量，决定聘梁先生为印度哲学课程的特约讲师。在此前，梁先生曾经报考过北大，没有被录取。这就是人们常说的梁漱溟没有考取北大当学生，却当上了北大的讲师。梁先生是二十世纪面对西化狂潮最早肯定中国文化价值的文化人。其实他是非常主张科学与民主的，而且积极参与了民主建国的政治活动。

梁先生是有操守有气节的人，他的骨头很硬，我非常佩服他的人格。我曾经五次到北京看望、拜访他，深深地为他的精神所折服。他是一位真儒，决不趋炎附势。他有自信力。1941年他在香港主持民盟事务，创办《光明报》。太平洋战争爆发，香港沦陷，他坐小船回来，非常危险，但他若无其事，心地坦然。他说："我相信我的安危自有天命。""我不能死，我若死，天地将为之变色，历史将为之改辙。"他说，孔孟之学的意蕴，中国文化在人类的地位，只有我能阐发，我还有三本书要写，我怎么能死呢？天怎么会让我死呢？梁先生就是这样自信，这样有担当意识的人。这很有一点像孔子。如孔子所说的"文王既没，文不在兹乎"那样。新中国成立前夕，他代表民主团体到昆明调查闻一多、李公朴遇害案，在群众大会上痛斥国民党特务。他说，民主知识分子是杀不绝的，你们有胆量就朝我开枪，我不怕死。

抗战时与抗战后，他曾经两度去延安，曾经与毛泽东多次交谈，乃至在窑洞同榻而眠。新中国成立以后他多次成为毛泽东的座上宾，但拒绝了毛主席让他在政府中任职的建议，又多次对内政外交提出不同意见，终于酿成1953年与毛主席直接冲突的“面折”局面。梁公然以农民的代言人自居，要试一试毛泽东的“雅量”。1974年，他发表《我们今天应当如何评价孔子》，反对以非历史的观点评价孔子，反对把林彪与孔子相提并论，为刘少奇、彭德怀鸣冤叫屈。梁先生的哲学主要是文化哲学、生命哲学、人生哲学。他的哲学已经与他的生命融合在一起。

熊十力先生（1885—1968）与梁先生一样，也参加过辛亥革命。湖北黄冈熊子真先生是一位传奇式的人物，只读过半年私塾，从没有受过任何新式教育，要说文化程度，比梁先生低得多。熊十力生长在贫瘠乡间的一个贫苦农家，幼时为人牧牛。他十三四岁时，父母相继病亡。日后他只是在父亲的朋友何柽木先生处读了半年乡塾。十六七岁时游学乡间。不久，他与同县何自新、浠水王汉共游江汉，受到维新

派影响，读孟子、王船山、顾亭林书，萌发革命之志，欲物色四方豪杰，共图天下事。为“运动军队”，熊氏投武昌新军第三十一标当兵。1905年，熊氏由行伍考入湖北新军特别小学堂为学兵，宣传革命，联络同人。次年春，熊加入日知会，并发起组织“黄冈军学界讲习社”，主持该社的革命活动。由于熊氏在军学界图谋举事，奔走甚力，遂被鄂军首领张彪所通缉，幸为友人掩护，秘密出逃。武昌起义后，熊氏曾任湖北都督府参谋。民国元年，他参与编辑日知会志。二次革命失败后，他曾去江西德安耕读、教书。1917年至1918年，他曾参与孙中山先生领导的护法运动。他目睹鼎革以还，世风日下，“党人竞权争利，革命终无善果”，军阀官僚贪鄙、淫侈、残忍、猜妒、诈骗、卑屈、苟且、伪善，党祸至烈，士习偷靡，民生凋敝，人道灭绝，痛惜“党人绝无在身心上做工夫者”，慨叹“由这样一群无心肝的人革命，到底革到什么地方去呢？”他深感“革政不如革心”，遂慨然弃政向学，研读儒佛，以探讨人生的本质、增进国民的道德为己任。这是熊十力一生中重要的转折。他曾自谓：“决志学术一途，时年已三十五矣，此为余一生之大转变，直是再生时期。”熊十力早年就有佛学的“天上地下，唯我独尊”的意识。他是自学成才的，特别有天赋，有悟性。

熊十力先生是一个怪才，他从他的老师欧阳竟无先生那里走出来，批评佛教唯识学，创立了融会儒佛的“新唯识论”的哲学体系。佛学界对他有不少批评。他在北大讲课，或与友人交谈，谈到重要的地方，往往情不自禁，随手在听讲者的头上或肩上拍一巴掌，然后哈哈大笑，声振堂宇。学生们都不敢坐第一排，怕熊先生“棒喝”。有的人躲在最后一排，他就从最后一排敲起。朋友们与他谈话，也不敢靠近他。据说张东荪教授与他交谈时也被他拍过巴掌。他是一个有真性情的人。抗战时期，熊十力入川，颠沛流离，生活拮据。他凭着对国家、民族、人民和传统文化执著的爱，自甘寂寞，乐以忘忧，勉力著述讲学。熊氏哲学体系之充实、发展、完善并在国内哲学界产生一定影响，亦是在抗战期间。抗战末期出版的《新唯识论》语体文本和《读经示要》是他的思想成熟、体系完成的标志。

孔子被拘囚于匡地时，心地坦然地说：“文王既没，文不在兹乎？天之将丧斯文也，后死者不得与于斯文也；天之未丧斯文也，匡人其如予何？”（《论语·子罕》）当公伯寮向季孙进谗，毁谤子路时，夫子坦然地说：“道之将行也与，命也；道之将废也与，命也。公伯寮其如命何？”（《论语·宪问》）孔子基于上天不会丧掉斯文的信念，自觉身系斯文之传的使命和文化神州之安危，是文化托命之人。熊十力先生二十世纪三十年代在北平居住时，曾自题堂联："道之将废矣，文不在兹乎？"熊先生以"上天将斯文属余"的气魄承担着中华文化的慧命。

马一浮先生（1883—1967）是一位大名士，大隐者，大儒，理学大师，又是著名的诗人与书法家。他早年到美、德、日游学，第一部《资本论》就是他带回中国的。他是绍兴人，长年隐居杭州。以前蔡元培校长请他到北大去任教，他以"礼闻来学，不闻往教"八个字回绝。抗战军兴，才出山讲学，他随浙大迁居江西泰和、广西宜山，讲学的内容后来编成《泰和会语》、《宜山会语》。1939年，马先生到四川乐山办复性书院，有《复性书院讲录》6卷。马先生认为，六经可以统摄一切学术。马先生的儒释道的学养特别深厚，佛学造诣颇深，对宋明理学也有精湛的研究。

抗战时在后方，蒋介石常常召见一些学者去谈话，冯友兰先生、贺麟先生等都分别去见过蒋。据说这都是陈布雷的安排。我曾在贺麟先生家亲耳听贺先生对我说过，蒋委员长会见他们这些哲学、人文学教授之前，还确实读过他们写的一两种书，在上面圈圈点点，见面时还针对著作问一两个问题。马先生见蒋是在抗战初，办复性书院之前。特别有意思的是，据说马向蒋讲两个字："诚"、"恕"。他希望蒋"恕以接人，诚以开务，以国家复兴为怀，以万民忧乐为念"，强调"诚即为内圣外王之始基"。据说蒋对这种劝诫甚为不快。事后，友人问马先生对蒋的印象，马的评价很有趣，他说蒋"英武过人而器宇褊狭，缺乏博大气象"。他说蒋"举止过庄重，杂有矫糅"。他评价蒋是"偏霸之才，偏安有余，中兴不足。比之古人，不过是刘裕、陈霸先之流人物"。这个评价是很确当的。大家都知道，刘裕是南朝宋的建立者，即宋武帝，虽代晋称帝，但没有统一中原。陈霸先是南朝陈的建立者，即陈武帝。这两个王朝都是短命王朝，都没有完成统一大业。大概从心胸、气度和霸业上看，蒋不过是宋武帝、陈武帝之类人物，后来的历史果然验证了马先生的判断。

（二）三先生的交遊

1919年，熊十力执教于天津南开学校，教国文。这年暑假之前，熊先生曾写信给时任北京大学讲师的梁漱溟先生，大意是说：你在《东方杂志》上发表的《究元决疑论》已经拜读，其中骂我的话却不错，希望有机会晤谈。梁先生1916年发表的《究元决疑论》的第三部分，对熊先生1913年在《庸言》上发表的《健庵随笔》批评佛学“了尽空无，使人流荡失守，未能解缚，先自逾闲，其害不可胜言”等提出批评，认为熊氏不了解佛学的真义恰恰是使人有所依归，不致流荡失守。暑假，熊氏由天津到北平，借居广济寺内，与梁先生讨论佛学。两人一见面就畅谈起来，但因看法相左，均未能说服对方。这是一次历史性的会见，此后梁、熊二先生交游了近半个世纪，结下了深厚的友谊。梁先生此时劝熊先生好生研究佛学。1919年他已读过《唯识述记》。

梁漱溟二十四岁发表的《究元决疑论》引起了学界的注意。他到北京大学担任讲席，也是缘于此文。经范静生先生的介绍，梁携带此文去拜访蔡元培校长。蔡先生看了此文，非常赏识，便与文科学长陈独秀相商，聘梁讲印度哲学。1917年10月，梁氏就任北大教席，就任时即向蔡元培申明：“我此来除替释迦、孔子发挥外，更不作旁的事。”1919年，梁先生的《印度哲学概论》由商务印书馆出版。次年，他的《唯识述义》（第一册）由北大出版部出版。1920年暑假，梁先生赴南京访学支那内学院（筹备处），求教于欧阳竟无大师，并介绍熊十力先生入院求学。暑假过后，熊先生没有再去南开教书，而是由德安去南京内学院学习佛法。从1920年秋至1922年秋冬之交，熊先生一直在欧阳竟无先生门下学佛。

1922年秋，在北京大学讲授佛教唯识学的梁漱溟先生顾虑自己学养不足，恐怕有无知妄谈之处，征得蔡元培校长的同意，代表北大专程去南京内学院聘人。梁先生原意是请吕澂先生来北大讲佛学，但欧阳大师不放，遂改计邀熊十力先生北上。由于蔡校长十分看重熊十力的德行与才气，熊先生这位既无学历又无文凭的人，被北京大学聘为主讲佛教唯识学的特约讲师。这在今天是不可想象的。（要说学历，熊先生只读过半年私塾，再就是在南京学佛两年，他真正是所谓自学成才。）这年冬天，熊先生到北大任教。

蔡先生很尊重熊先生，他们有过交往。1918年，蔡先生为熊先生的处女作《心书》写过序。

在北京大学“思想自由”、“兼容并包”的学术环境中，熊十力如鱼得水，获得了与学术界精英砥砺学问的机会。正因为有了这一机缘，熊十力才逐步走上了“成一家之言”的道路。

熊十力在北京大学讲授法相唯识之学，边写讲义边讲。原写讲义基本上依据佛家本义，忠实于内院所学。熊先生从唐代著名佛学理论家玄奘、窥基，上溯印度大乘佛学宗师无著、世亲、护法，清理唯识学系统的脉络，揭示其理论纲要。

熊十力是一位有创造性冲动的人。这一年，忽然怀疑旧学，对过去所相信和撰写的东西，感到不安，把前所写稿毁掉，而开始草创《新唯识论》。也就是说，在他的《唯识学概论》刚刚印出不久，他已决心自创新说，扬弃旧稿。

1924年熊先生为自己更名“十力”（此前，大家都叫他“子真”）。“十力”是佛典《大智度论》中赞扬佛祖释迦牟尼的话，比喻佛祖有超群的智慧、广大的神通和无边的力量。夏天，梁漱溟正式辞去北大教席，应邀到山东曹州创办曹州高中。熊先生亦暂停北大教职，随同前往。同行的还有他们在北大的学生陈亚三、黄艮庸，四川的王平叔、钟伯良、张俶知及北师大的徐名鸿等。他们共同办学、读书、讲学。熊先生参与其事，任导师。梁、熊诸先生对当时学校教育只注意知识传授而不顾指引学生的人生道路十分不满，向往传统的书院制，师生共同切磋道德学问。梁先生来曹州办学，本意是办曲阜大学，以曹州高中为预科，可惜曲阜大学没有办成，又拟恢复重华书院，亦未实现。但梁先生实践自己提出的“办学应是亲师取友”的原则，不独造就学生，还要造就自己，这种精神深获熊先生之心。梁、熊诸先生与弟子们一起组成了一个文化共同体。此时熊先生深感民国以来，唾弃固有学术思想，一意妄自菲薄，甚非自立之道。

1930年，熊十力知道在杭州有一位马一浮先生是当代国学大师、诗人、书法家，隐居不仕。听说了马先生的颇具传奇色彩的经历，特别是得知马先生的佛学造诣很深，熊先生极想与马先生晤谈。熊十力请原北大同事、时任浙江省立图书馆馆长的单不庵先生介绍。单先生感到很为难，因为马先生是不轻易见客的。从前蔡元培校长电邀马先生去北大任教，马先生曾以《礼记·曲礼》中的“礼闻来学，不闻往教”八个字回绝。熊听说后思慕益切，于是将自已在原唯识论讲义基础上进一步修订、删改成的《新唯识论》稿邮寄给马先生，并附函请教。邮寄后数星期没有消息，熊先生感到非常焦虑和失望。

一日，忽有客访，一位身着长衫、个子不高、头圆额广、长须拂胸的学者自报姓名：马一浮。熊十力大喜过望，一见面就埋怨马先生，说我的信寄了这么久，你都不来。马先生说，如果你只寄了信，我马上就会来，可是你寄了大作，我只好仔仔细细拜读完了，才能拜访呀！说后二人哈哈大笑起来。此后，马、熊二先生成了好朋友。熊先生后来修订《新唯识论》（文言文本）的末章《明心》章部分，吸收了马先生的许多意见，在对心、性、天、命、理等宋明理学范畴的解释上，受到马先生的影响。1930年11月，马、熊二先生往复通信数通。北京大学研究院院长陈大齐（字百年）先生聘请马先生为研究院导师，马先生推举熊先生去做导师。他们二人都未去，但相互尊重之情谊甚为深厚。熊先生让李笑春给马先生送去《尊闻录》，马先生阅后，特举“成能”、“明智”二义加以讨论。

1930年12月至1931年12月，熊十力老友沔阳张难先（号义痴）主政浙江。张难先、严重（又名严立三），石瑛（字蘅青）为湖北三怪，生活清苦，砥砺廉洁，在政界颇属难得。杭州下雪，张难先率员工到街上铲雪。他说：“我别号‘六其’居士，区区铲雪扫路，何足道哉？”“六其”之号，源于《孟子》“苦其心志，劳其筋骨，饿其体肤”云云。张不愿凭地位借住别墅，其眷属只得花钱租居。张在任上两袖清风，离任时尚亏欠九百余元，由自己带来的属下归还了事。张上任时即荐石瑛任他的建设厅长。石瑛与张同时离任，去苏州古寺隐居，临走仍是一卷铺盖、一旧皮箱。熊十力与这几位湖北老乡时常谈心，相交甚欢。

（三）三先生的学术

1. 梁先生的“理性”

梁先生的代表作是《东西文化及其哲学》，1921年由商务印书馆正式出版。梁先生的主要看法是：西方、中国、印度是世界上三种不同类型的文化，各奉行不同的哲学。就人生的态度去看，西方文化是向前追求的文化，所面对的是人与物的关系；中国文化是调和、持中、郑重的文化，所面对的是人与人的关系；印度（佛教）文化是转身向后去的文化，所面对的是人对自己本身，即心与身的关系。他的这些概括当然是比较简单化的，但在当时，从文化比较类型学出发来考虑问题，也很了不起。他主张“世界文化三期重现说”：西方文化是解决生存的前提与条件问题的，是第一期；中国孔子的文化是人心即精神生活的，是第二期；印度佛学是超越宗教境界的，是第三期。在他看来，中西之别在一定意义上是内与外、玄学与科学、义与利、精神文明与物质文明、理性与理智的区别。他认为，促使西方人向外逐求的是意欲，是物质利益；促使中国人向内聚敛的是道德，是义。他说，未来中国文化，很可能是孔子儒家文化的复兴。这些看法当然都可以讨论。

梁漱溟认为，中国文化的根本精神就是理性。中国传统文化彻头彻尾就是理性的发挥。正因为中国民族与文化植根于理性基础上，理性力量特别深厚，所以，尽管在历史上辗转变迁，此刻，遭遇这种西方风雨的摧残，它依然深藏在民族文化与灵魂的深处。中国文化与民族之所以有如此顽强坚韧的精神力量，得之于理性。中国民族在外族的武力征服面前没有屈服，而最后反而不断地同化各个民族，使其国土日广，民众日丰，并不是靠武力，而是靠理性。在这种意义上，理性就是中国的风俗教化、文物制度、伦理精神等。而且，梁漱溟根据这一认识，发表了他对中国民族文化的前途和未来的预见。他相信："只要人类存在，中国人的精神即可存在；因为人类之所从来即由于此（理性），中国人能把握住这个（理性），当然可以站得住。"中国文化的理性精神实质也就是人类的共同精神，只不过是中国人独认识得早，而西方人认识得较晚罢了。

那么，理性又是什么呢？对于理性，梁漱溟有自己独特的理解。这个理性当然并非西方传统哲学中的"理性"。西方传统哲学将理性视为人们的认识能力（康德）、甚或对象世界的本质结构（柏拉图、黑格尔）。梁漱溟的理性则根本不同。如果说，西方人将理性视为认识事实真理的一种能力或认识的结果的话，那么，梁漱溟的理性显然指的是生活的真理、人们行为活动的准则或人们寻找生活真理的能力。用梁漱溟自己的话说，就是生活的"对"、"合理"。

梁漱溟经常将理性视为一种心思作用、情感、认知的方式、行为的方向、人的本质、生命努力奋斗的目标，等等。理性是人们的一种平静通达的心理状态。梁漱溟要从文化的总关系中探求各方文化之位置，目的在于秉执"中"的理性精神，对各方文化进行梳理评判，贯彻理性的"无私"精神。在梁漱溟心目中，就今天世界范围内的文化而言，真正体现人类理性精神的，只能是代表中国文化的儒家道德哲学。理性就是一种向上心，一种不断求取、奋进、超越的精神。向上之心，即中国民族生命赖以开拓的一种精神。

2. 马先生的“性德”

尽管马一浮先生没有刻意建构庞大的思想体系，但仍然有那么一个系统。我试用下图加以表示。

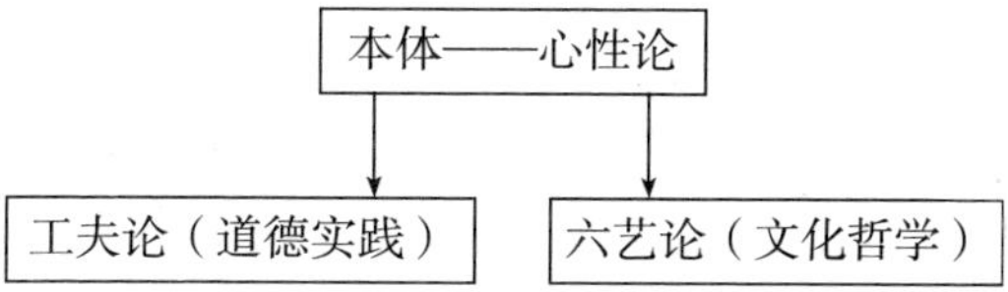

这是以“一心开二门”的架构方式建构的思想系统。在这两层结构中，核心是本体——心性论，这是根源和根据，是形而上的基础；工夫论和六艺论是本体之用（展示、表现、功用），是形而下的层面。下层显成两用，即开出以下两支：一支是道德活动，包括修养、实践、行为；一支是文化活动，包括文化现象、系统或文化建制。上层（体）是下层（用）的既内在又超越的根据，是本体；同时又是创生出道德活动和文化系统的主体。

马先生以本体言心，此心即性、亦即天、亦即命、亦即理、亦即性德或德性。他有一套天、命、心、性、理、事物相互贯通的看法。马先生指出：“德是自性所具之实理，道即人伦日常所当行。德是人人本有之良知，道即人人共有之大路，人自不知不行耳。知德即是知道，由道即是率性，成德即是成性，行道即是由仁为仁。德即是性，故曰性德，亦曰德性。（‘即性之德’是依主释，‘即德是性’是持业释。）”他认为性德就是仁体，就是善。就超越面而言是“天”、“帝”，但性外无天，人外无帝，是内在具足的心体和性体。它举一全该则曰仁，开而为二则为仁知或仁义，开而为三则为智仁勇，开而为四则为仁义礼智，开而为五则加信而为五，开而为六则并智仁圣义中和而为六德。

马先生的工夫论，亦是佛儒之辩证综合。其纲领是《复性书院学规》中论述的四条：（一）主敬为涵养之要；（二）穷理为致知之要；（三）博文为立事之要；（四）笃行为进德之要。

他的六艺论与道德理想主义的文化哲学观不仅从中国出发，而且从整个人类出发，从真善美的价值追求出发，从人的精神世界的安立和多维发展出发，仍然是有十分重要的意义的。他把六艺之教的重点落实在六艺之人的培育上，这对现代人素质的提升和宇宙伦理的关怀都有借鉴意义。

马一浮先生的最高成就是诗，尤其是他的哲理诗。他是二十世纪中国最大的诗人哲学家。他的诗被方东美、徐复观称赞为“醇而雅”、“意味深纯”。

马先生一生读书刻书，嗜书如命。苏曼殊说他“无书不读”，丰子恺说他“把《四库全书》都看完了”，朱惠清说他是“近代中国的读书种子”。然而，他却有他独特的书观：“吾生非我有，更何有于书。收之似留惑，此惑与生俱。书亡惑亦尽，今乃人无余。”

书籍、文字、语言乃至思辨，不仅不能代替而且很可能肢解、拘束生命与生活。圣人语默，不在言语文字上纠缠。因此，他常说要走出哲学家的理论窠臼。“乾坤不终毁，斯文恒在兹。……寥寥弦外音，眇眇无言思。真心寄玄默，俗语难为辞。吾言直土梗，何以宣灵奇。目击道已存，遇雨忘群疑。达者忽有会，旦暮当与期。”无限的宇宙情调，人生的本真状态，无法用有限的知性和言辞加以表达。

叶燮说：“可言之理，人人能言之，又安在诗人之言之；可征之事，人人能述之，又安在诗人之述之，必有不可言之理，不可述之事，遇之于默会意象之表，而理与事无不灿然于前者也。”诗能空、能舍，而后能深、能实，把宇宙生命中的一切理、一切事的最深意义、最高境界，呈露出来。

3. 熊先生的“本心”

熊十力思想的发展轨迹，大体上是：早年批判六经，认为六经是拥护帝制之书；中年趋向佛法一途，直从大乘有宗唯识论入手，不久舍弃有宗，深研大乘空宗，投契甚深，久之又不敢以观空之学为归宿；后仍返求诸己，通过自己的人生体验，契合于儒家《周易》。

熊十力认为，哲学就是本体论。他所穷究的“玄学的本体论”或“玄学的真理”，与“科学的真理”是根本不同的。“盖哲学之究极诣，在识一本。”

熊十力主要的哲学观点是：体用不二、心物不二、能质不二、天人不二。他所谓“体”是“本心”，是“心体”、“性体”，即人的生命存在的本体、宇宙万物之本根及其生生不息的源头活水，在一定意义上也是道德的本体和道德的主体。所谓“体用不二”，也就是肯定生命的意义和人生的价值，是为了在物欲横流的世界重新寻找“人生本质”和“宇宙本体”。熊氏认为，吾人与天地万物所同具的仁心本体，内蕴着极大的力量，可以创造出、生化出整个人文世界。他高扬了仁心本体刚健、创生的特质，实际上是以积极的人生态度、生命意识和人本精神去面对世界、创造世界，同时又主张不被人们创造出来的物质世界和人文建制所异化、所遮蔽，以致忘却、沦丧了人之所以为人的根蒂。

熊十力以他的本体论统摄了宇宙论、人生论、知识论、治化论等。他自诩其《新论》将此融成一片，抓住了穷究宇宙实体的一本性这个核心，从而继承了中国哲学的传统。对于这一传统，张东荪解释为："其道德观念即其宇宙见解，其宇宙见解即其本体主张，三者实为一事，不分先后"。熊十力切身体验到革故鼎新和变化日新的氛围。他服膺王船山哲学，将其概括为"尊生以箴寂灭，明有以反空无，主动以起颓废，率性以一情欲"。

熊十力是我国现代哲学史上最具有原创力、影响力的哲学家，他奠定了现代新儒学思潮的哲学形上学之基础。他的"体用不二"之论，成为整个当代新儒学思潮"重立大本、重开大用"和"保内圣，开新外王"的滥觞，亦成为这一思潮的基本思想间架。熊十力的全部工作，简要地说，就是面对西学的冲击，在儒学价值系统崩坏的时代，重建儒学的本体论，重建人的道德自我，重建中国文化的主体性。他的学生唐君毅、牟宗三、徐复观正是在他的精神感召之下，沿着他开创的精神方向和他奠立的形上基础而加以发皇、扩展、深化、扬弃的。学界把他们师徒视为现代新儒学思潮的中坚。

（四）三先生的晚年及其文化共同体的消解

梁、熊、马三先生之间有密切交往，他们的弟子间也有密切交往，成为一个学术群落。他们三人的为人风格不同。马先生圆融，极有修养。熊先生孤傲，脾气急躁。梁先生不鸣则已，一鸣惊人。

熊先生求真，忌俗，一生鞭笞奴隶性格，主张不集一途，不尚众宠，空诸依傍，独立不苟。他尝说：

> 清季迄今，学人尽弃固有宝藏，不屑探究，而于西学亦不穷其根柢，徒以涉猎所得若干肤泛知解，妄自矜炫，凭其浅衷而逞臆想，何关理道；集其浮词而名著作，有甚意义？以此率天下而同为无本之学，思想失自主，精神失独立，生心害政，而欲国之不依于人，种之不奴于人，奚可得哉？天积众刚以自强，世界积无量强有力分子以成至治。有依人者，始有宰制此依者，有奴于人者，始有鞭笞此奴者，至治恶可得乎？吾国人今日所急需要者：思想独立、学术独立、精神独立，一切依自不依他，高视阔步而游乎广天博地之间，空诸依傍，自诚自明。以此自树，将为世界文化开发新生命，岂惟自救而已哉？

熊先生在二十世纪五十年代初一再向毛泽东、董必武、徐特立等中共高层上书，对当时的文教方针提出意见与建议，希望恢复民间自由讲学的书院，至少应恢复梁先生的勉仁书院、马先生的复性书院，请吕澂先生恢复支那内学院，他自己想办中国哲学研究所。同时，熊先生希望当局尊重中国文化，至少不要鼓励批判中国文化，提出“马列主义宜中国化”。他又著《与友人论张江陵》，批判明代张居政当宰相时禁讲学、毁书院的错误做法。这显然是在借古讽今。

熊先生晚年很寂寞。在1958年出版的《体用论》中，熊先生有诗云：

万物皆舍故，吾生何久住。
志业半不就，天地留亏虚。
亏虚复何为，岂不待后人？
后顾亦茫茫，嗟尔独自伤。
待之以无待，悠悠任天常。
噫予犹御风，伊芒我亦芒。

这里借用《庄子》表达了一种无奈的感喟，表达了道废学绝的悲情和对精神自由的向往。熊十力在1963年写作的《存斋随笔》中慨叹：

余年七十，始来海上，孑然一老，小楼面壁，忽逾十祀，绝无问字之青年，亦鲜有客至。衰年之苦，莫大于孤。五年以前，余犹积义以自富，积健以自强，不必有孤感也。大病以来，年日衰，病日杂，余兴趣悉尽矣。

他们都没有逃过“文化大革命”劫难，都被红卫兵抄家、羞辱。熊、马二先生均死于“文化大革命”。

熊先生辞世的头一年，1967年6月2日，马一浮先生在杭州病逝，终年八十五岁。马先生与熊先生、梁先生一样，未能逃过“文化大革命”劫难。1966年，马先生的家被抄。抄家的头一天，一园林工人获悉红卫兵将去蒋庄“扫四旧”，即连夜报信，马先生内侄女汤淑方小姐与省委统战部联络，次晨将马先生转移他处。红卫兵拟焚烧马家古书字画，幸浙江省立图书馆来人抢救文物。马先生从此未回蒋庄。梁先生在北京亦遭红卫兵抄家、焚烧书画、扫地出门之灾。北京一二三中学的红卫兵还勒令梁老夫人跪在地上吃生丝瓜。梁先生为夫人说话，红卫兵喝令梁也跪下。马先生避居安吉路一处陋屋时，尚在关心友生，当听说李叔同弟子潘天寿教授在美术学院遭非人待遇时，马先生连声叹道："斯文扫地，斯文扫地！"从此不再开口，一病不起。马先生自知不能再起，写下了绝笔诗《拟告别亲友》。这首绝笔诗，是亲友在安吉路陋室整理遗物时在书桌上发现的。

乘化吾安适，虚空任所之。
形神随聚散，视听总希夷。
沤灭全归海，花开正满枝。
临崖挥手罢，落日下崦嵫。

前四句是道家思想，庄子的超脱。第五句用了佛教的沤海之喻，意蕴颇深。"沤"就是一个小水泡。其实一人一物，不过只是小小的浮沤水泡，但也是整个大海的显现。沤生沤灭，生死变幻，最终要归于宇宙无尽的大海之中。庄子讲生死不过是气的聚散，聚则为生，散则为死。生死也如昼夜的变化，我们不必悦生恶死，就像不必喜欢白天，厌恶夜晚一样。有限的人生与无限的宇宙不就是沤与海的关系吗？生与死，不过是平常事而已。

按庄子的说法，真人能破死生之惑，不执著生，不厌恶死，一切听其自然，视生与死为一来一往，来时不欣喜，去时不抗拒。马先生以楚辞形式所写的《自题碑文》更表现了他们这一代文化人的心境：

孰宴息兮此山陬，
古之逸民兮今莫与俦。
驱日月兮行九幽，
安茕独兮背人流；
枯槁不舍兮阨穷不忧，
虽日寡闻兮庶殁齿而无怨尤；
道不可为苟悦兮生不可以幸求，
世各从其所好兮吾独违乎迷之邮；
志不可得终遂兮自今其归休。
委形而去兮乘化而游，
蝉蜕于兹壤兮依先人之故丘，
莫余知其何憾兮任千载之悠悠！

熊、马、梁诸先生的确是独行孤往、敢背人流的文化巨人，虽穷阨一生，但从不苟且。尽管复兴国学的志向因时势所限不可终遂，但他们尽了自己的责任，也就可以乘化而去，回归自然，而没有什么遗憾了！在“文化大革命”的狂风暴雨中，梁先生仍能静下心来写《儒佛异同论》。在批林批孔的淫威下，梁先生竟然写《今天我们应当如何评价孔子》，并在全国政协学习会上辩论，声明："你们可以批林，但不能批孔，孔子是中国文化的代表。"人家围攻他，他掷地有声："三军可夺帅也，匹夫不可夺其志也。"这是何等的气节操守！

梁漱溟先生1988年6月仙逝之后，华人知识界颇有一些震荡和回应，从哀悼梁先生的若干幅挽联中可以略见一斑：

钩玄决疑百年尽瘁以发扬儒学为己任
廷争面折一代直声为同情农夫而执言

——冯友兰敬挽

善养浩然之气有学有守
弘扬中华文化立德立言

——张岱年敬挽

柏松永劲明月胸襟示范
金石弥坚高风亮节长存

——袁晓园敬挽

熊、马、梁三先生被弟子们称为"三圣"。弟子们自称"圣人之徒"。二十世纪二十年代至三十年代，很长一段时间，熊先生在北方，或住梁宅——北平缨子胡同十六号，或在万寿山大有庄、山东邹平等地与梁先生师弟合住，共同修养心性，砥砺品行，相互批评帮助，把学问与修养结合起来。1930年，熊先生始与马先生交游，而后一直保持着密切的联系。抗战时期，熊先后到马、梁所办书院讲学。1949年以后，三先生相互关心，密切联络，心心相印，息息相关。他们的朋友、学生，往往是共同的，相互流动的。如伍庸伯、张俶知等，原是梁先生朋友，贺昌群、钟泰（号钟山）等原是马先生朋友，后来都成了熊先生朋友。张立民（家鼎）原是熊先生弟子，在危难时受到熊先生保护，曾随侍熊先生，帮助整理文稿，但后来成为马一浮先生的得力助手，随侍马先生数十年。黄良庸、王平叔、陈亚三、李渊庭等原是梁先生弟子，后也成了熊先生弟子。云颂天、刘锡嘏（公纯）、李笑春等原是熊先生弟子，后也成了梁、马的弟子。王培德（星贤）、袁心粲、王伯尹、张德钧等，大约是先从马先生，后又与熊先生友善，以师事之。此外，高赞非、谢石麟、周通旦等，无不并尊三先生为师。

以后，熊、马、梁身边的弟子们，相互流动，或以他们办的民间书院（如后来梁先生的勉仁书院、马先生的复性书院）为依托，或谨以信义相维系。三圣及其弟子，构成了某种“文化共同体”，在二十世纪二十年代至四十年代，以弘扬中国文化为职志。这确实很有一点儿宋明儒的味道了。道义在师生的激励、践履中，在艰危境地的相互扶掖中，深深扎下根来。在这种团体（哪怕是松散的）中，在师友关系中，人们所获得的，不仅是知识、学问，更多的是智慧、德行、友情。他们是保留我国传统人文教育特征的文化殿军。此后，在洋化的现代教育中，很少能找到这种师生关系了，很少有把学问与德行，做人与为文密切联系起来的文化共同体了！

作为现代大儒，熊、马、梁三先生代表了中国文化的活的精神。同时，他们又各有个性特征。诚如徐复观所说，“熊先生规模宏大，马先生义理精纯，梁先生践履笃实。”在学问路径上，梁、熊、马都比较认同陆王心学，且都浸润于佛典；但马先生对程朱理学亦有深切理解、吸收、融会，马与熊对庄子、陶渊明的飘逸有更多共鸣。在对政治的态度上，三先生早年都参加过反清革命，后来都不同程度地脱离政治；但梁先生始终没有摆脱与政治的纠葛，积极入世，干预时政；熊与马，特别是马则看得很透，完全是一隐逸之士。梁的时代之悲情悲愿最强烈，不倦地奔走，知其不可而为之；熊由关心事功转向学术后，竭力与政治保持距离；马最平淡、宁静，远离尘世喧嚣。在知识结构上，他们都力图融会西方、印度和中国文化。但经、史、子、集的底子，马先生打得最好，旧学修养最高，诗词书法，无不精到。梁先生懂英文，马先生曾游学数国，通好几种文字。熊先生虽不通西文，然据谢石麟说，汤锡予先生曾说过，熊先生通过对翻译本子的研讨，比一般留学生更理解西方哲学。这是因为，熊先生有极高的哲学智慧和体悟能力。在哲学创造上，熊先生胆子最大，敢于创造体系；梁先生不主张按西方本体论、宇宙论、知识论的路数重建儒学，而仍走生命哲学、实行哲学的道路，他的生活即是他的哲学；马先生更为超越，他是当代诗哲，他的哲学思想寓于诗中。

在性格上，马先生含蓄温存，宅心固厚；熊先生抉发痛快，敢于批评；梁先生既是骆驼又是狮子，平时诚恕，关键时能作狮子之吼。在言词上，马先生言辞简短，意在言外，梁先生洗练、准确，他们多谈事实而少有褒贬；熊先生则滔滔不绝，无所不言，情感外露。对比三先生的墨宝：马先生不愧书法大家，曾遍临魏晋六朝诸碑，以欧字立基，而以王字《圣教序》蒙其外，寓沉雄于静穆之中；梁先生虽不善书法，但笔力遒劲，书面整洁，一笔不苟；唯有熊先生，他的书信文稿常常写在顺手拈来的破纸烂笺背面，挤得满满的，有时既无天头地脚，又无左右间隔，写完之后复用朱笔圈圈点点，不时加上“吃紧”、“此处吃紧”的警语，往往弄得一塌糊涂，难于辨认。

人们笑曰：“马一浮”和“熊十力”正好是一副对联。指导学生读书，马先生主张遴选精华、循序渐进，熊先生则主张开放式读书，泛观博览。熊先生说马先生取人太严，而他主张取人应宽。他说，王阳明取人太严，所以王阳明以后没有第二个王阳明。曾国藩取人较宽，所以曾国藩以后不但有第二个曾国藩，还有第三个曾国藩。有人作对联曰："七贤笑傲熊十力，四皓微仪马一浮。"二十世纪三十年代熊先生在北平沙滩银闸胡同居住时，书斋里挂着马先生以"蠲叟"题署的对联："毗耶座客难酬对，函谷逢人强著书。"马先生以维摩诘和老子之典譬喻熊先生的博大气象。而据胡世华先生回忆，熊先生三十年代在北平自题堂联却是"道之将废矣，文不在兹乎"，是何等自信自觉的儒者！马先生1944年曾集杜诗自题堂联，以表情怀："侧身天地更怀古，独立苍茫自咏诗！"这又是另一种境界，庄禅的境界！熊先生也有庄禅之境，他的另一自题堂联是："固穷遗俗虑，宴坐多奇怀。"马先生曾为朱某作屏条："至静在平气，至神唯顺心。道非贵与贱，达者古犹今。功名在廊庙，闲暇在山林。"真是妙不可言！儒释道三教的意境、情怀，于三先生身上得到有力的体现。

梁、马、熊三先生也有矛盾与分歧，如在复性书院办学方针与用人的问题上，马、熊有过隔阂；在治学风格上，梁对熊多所批评；在梁奔走社会政治问题方面，熊马表现得冷漠。但他们之间的友谊却超过了一般的朋友。三先生及其文化共同体为捍卫传统文化做出了积极的贡献。

硕果从缘有，因华绕坐生。
芙蓉初日丽，松柏四时贞。
绰约颜如醉，芳菲袖已盈。
不忧霜雪盛，长得意分明。

——红梅馆为熊十力题

孤山萧寺忆谈玄，云卧林栖各暮年。
悬解终期千岁后，生朝长占一春先。
天机自发高文在，权教还依世谛传。
刹海花光应似旧，可能重泛圣湖船！

——一九五三年贺熊先生寿诗

我们从以上所录马先生赠熊先生的两首诗中，可以看出他们的友谊和价值取向的一致，尤其是他们都具有儒的真性、道的孤寂和禅的超脱。他们做人与为学的独立不苟，永远值得人们学习。从中我们也可体验到他们的心境，时局造成的无奈与遗憾。

熊先生的哲学及其在二十世纪中国哲学中的地位，我想借用几位著名学者的话来表达。著名哲学家、北京大学张岱年教授指出，熊先生“著作丰富，内容宏博渊奥，确有甚深义蕴。以他的哲学著作和现代西方一些著名哲学家的著作相比，实无逊色”。著名哲学史家、美籍华裔学者陈荣捷教授1952年在哥伦比亚大学出版的《现代中国之宗教趋势》中，特别是1963年在普林斯顿大学出版的《中国哲学资料书》中，较详细介绍二十世纪中国哲学家时，重点介绍了冯友兰和熊十力。后者第四十三章为《当代唯心论新儒学：熊十力》，从《新唯识论》和《原儒》中摘引了熊先生关于“翕与辟”、“理与气”、“心与仁”、“体与用”的大量论述。在以上两书中，陈荣捷比较了在当代重建传统哲学的冯友兰、熊十力二先生，认为‘熊冯二氏，而以熊氏为先，盖以其哲学皆从中国哲学内部开展，非将西方思想与经学苟合也”，冯氏则“太过西化”。他认为，熊十力“给予唯心主义新儒学以一种更稳固的形而上学基础和更能动的特性”。陈荣捷先生在给我们寄来的祝贺“纪念熊十力先生诞辰一百周年学术讨论会”的贺函中又指出，熊十力的思路“以易经为基，阐发内圣外王之道，实为我国哲学主流，不为佛染，不被西风，非旧囊新酒之可比”，“其影响之于中外，未可限量也”。

三圣中只有梁先生熬过了“文化大革命”。上世纪八十年代中，我到北京参加第一届中国文化讲习班，聆听了梁先生的第一讲。他一上来就说，“我六十年前说过，未来的世界还是孔子、儒家文化的天下，我今天仍然坚持这一看法”。当时我们听了，都感到震撼。

二、王阳明与《传习录》

我想讲四个方面的内容：第一、王阳明其人，重点谈他的龙场悟道。第二、《传习录》其书，略为介绍这本书。第三、王阳明的思想主旨，他的三大命题：“心即理”、“知行合一”、“致良知”。这是《传习录》的思想内容。第四、阳明学的影响与现代意义。①

（一）王阳明其人

王守仁（1472—1529），字伯安，浙江余姚人。因常讲学于会稽山阳明洞，自号阳明子，学者称他为阳明先生。在浙江余姚的王阳明故居寿山堂正门，悬挂着一块“真三不朽”的匾

① 本讲稿借鉴了张祥浩:《王守仁评传》,南京:南京大学出版社,2006年;[日]冈田武彦著，钱明审校，杨田等译:《王阳明大传：知行合一的心学智慧》，重庆：重庆出版社，2015年。谨向以上两书的作者、译者致谢。

额。所谓“三不朽”，出自《左传》，鲁国大夫叔孙豹转述自己听到的古语：“太上有立德，其次有立功，其次有立言。虽久不废，此之谓三不朽。”立德、立功、立言，是古今志士仁人追求的人格境界和人生目标。真三不朽，当然就是后人称赞王阳明在三个方面都做到了极致。阳明是一个怎样的人？写下了哪些不朽的著作？留下了怎样的思想学问？接下来，让我们走近这位被誉为“真三不朽”的阳明先生。

明成化八年（1472），王守仁出生于浙江绍兴府余姚县。出生时，祖母岑氏梦见有神人穿着华服，在云中吹打乐器，其中一仙怀抱婴儿，脚踩瑞云，徐徐朝王家来。祖父于是给他取名叫王云。到了五岁上头，还不会说话，偶然碰到一个僧人，说“好个孩儿，可惜道破。”意思是王云这个名字，泄露了天机，将他的出身来历讲破了。祖父于是给他改名为守仁，随即便能说话了。（“守仁”取自《论语·卫灵公》“知及之，仁不能守之，虽得之，必失之。”）

1. 立志学为圣贤

阳明十岁那年，他的父亲王华，举进士第一甲第一人，也就是中了状元。阳明也就跟着父亲来到京师，从师问学。阳明问私塾先生：“何为第一等事？”塾师说：“惟读书登第耳。”阳明反对把读书应科举，中进士做大官，当作学习的根本目的。幼年阳明要“读书学圣贤”，表达出非常不一般的志气。真正的士人，应该超越这种功利的、现实的目的，追随圣贤的脚步，成就君子人格。

读书是学圣贤的前提。那时读书主要是读儒家的经典，五经四书与北宋以来理学家的著作。理学是北宋发展起来的一种儒学形态，主要学者包括周敦颐、二程、张载、朱熹等。尤其是二程和朱熹，又是理学的大宗，他们的学问被称为程朱理学，是官方的正统学问，读书人必须修习。二程即北宋的程颢、程颐二兄弟，他们认为“天理”是宇宙人生的根源与依据。朱熹则集宋代理学之大成，继承和发展了二程的理学。程朱都非常重视《大学》，尤其强调《大学》提出的“格物、致知、诚意、正心、修身、齐家、治国、平天下”的“八条目”工夫，认为“格物穷理”，是体认天理的起点和基础，所谓“穷至事物之理，欲其极处无不到也”。此时的阳明就深受程朱格物学说的影响。弘治五年（1492），阳明二十一岁时，发生了“亭前格竹”的故事。阳明自己是这样记述的：他的钱姓朋友去格亭前竹子的道理，竭其心思，到第三天就病了，他自己去格，七天也病了，于是叹惜圣贤是做不得的，没有大力量去格物。

做圣贤的第一次努力失败了。这是由于青年阳明误解了朱子格物的意思吗？但朱子本人就讲，事事物物上都有一太极，也就是天理，学者就事事物物上穷格其理，可以达到“众物之表里精粗无不到，而吾心之全体大用无不明”的境界。所以阳明格竹，无非是在实行通过格物上达天理的朱子学说。亭前格竹的失败说明，青年时期的阳明，一方面认同程朱所提倡的人生境界和修养目标，另一方面对于程朱的修养工夫则无法契入。成圣成贤的为学目的，和如何成圣成贤的工夫修养之间，存在着巨大的矛盾，这个矛盾及其解决，开启了阳明后来的整个思想学术生涯。

希做圣贤而无望，阳明难免转向其他途径。按照同时代大儒湛若水《阳明先生墓志铭》所说，这一时期的阳明经历了“五溺”，即：“初溺于任侠之习，再溺于骑射之习，三溺于辞章之习，四溺于神仙之习，五溺于佛氏之习。”任侠之习，是指扶危济困，打抱不平，大约有点儿江湖习气。骑射之习，是指骑马射箭，排兵布阵。阳明曾花大力气研究兵法，用吃剩的果核排列阵势，他曾用治理军队的方法管理民夫，让他们演练诸葛亮发明的阵法——八阵图。辞章之习，是写八股，应科举。阳明在科举上算得上顺遂，二十一岁中举人，二十八岁成进士，中二甲第七名，但他始终认为“辞章艺能不足以通至道”。神仙之习，是学习道教长生之学。阳明十七岁新婚之夜，在江西铁柱宫听道士讲养生，“相与对坐而忘归”。一直到二十七岁，都有“遗世入山之意”。佛氏之习，自然是佛教佛学。阳明听说九华山地藏洞住着位高僧，不顾山高水阻跑去拜访，以“坐傍抚其足”的虚心姿态，请教上乘佛法。在正统儒家看来，这五种学问都不是关于身心性命的根本学问。但需要指出的是，从成贤无望后转向佛老可以看出，阳明对人生根本价值、如何安顿身心性命等重要问题的思考显然是积极而且迫切的。“五溺”阶段实际上酝酿着后来巨大的哲学突破。这一突破，就发生在贵州龙场。

2. 贵州龙场悟道

正德元年（1506），明武宗（十五岁即位）刚刚秉政，就亲信臭名昭著的刘瑾等八大宦官（八虎）。孝宗朝老臣刘健、谢迁等请诛刘瑾，被诬为奸党，戴铣、薄彦徽等人上疏请留刘健等，反而被下诏狱，也就是俗称的天牢。时任兵部武选清吏司主事的王阳明，上疏批评武宗杜塞言路，要求赦免戴、薄，流放弄权的宦官，也被捕入狱，廷杖四十，几乎死去，随即被贬贵州龙场驿任驿丞。阳明的父亲也遭到了牵连，被迫辞去官职。

当时贵州条件恶劣、道路艰险。地处偏远的龙场，更是险恶。面对恶劣的环境和人生的大起大落，阳明本人经受着考验。他能超脱于个人的得失荣辱吗？在龙场期间，阳明建造了龙冈书院、寅宾堂、何陋轩、君子亭、玩易窝，聚徒讲学，培植后进，弦歌不辍。但在流放途中，自己就曾被刘瑾派出的刺客追杀，家中的父亲也许会遭到未知的迫害，这些都不断刺激阳明去思考生死大问题。他去体会，想要参透、超脱生死念头。

> 人于生死念头，本从生身命根上带来，故不易去。若于此处见得破，透得过，此心全体方是流行无碍，方是尽性至命之学。

他不断地自问："圣人处此，更有何道？"即圣贤该如何面对这样的艰难困苦，安顿自己的身心性命呢？他收摄精神，无论日夜作息，群居独处，都力求澄清杂念，不肯妄言妄行，通过这样的方式来追求内心的宁静与专一。这样的自我锻炼终于产生了一定的效果。

正德三年三月到达龙场（前一年初春离京），阳明三十七岁。他在龙场意识到自己仍没有超脱生死之念后，感到愕然，于是在屋后建了一个石墩，日夜端坐其中，参悟死之要义，寻求心之静一，以求破生死之惑。

> 忽中夜大悟格物致知之旨。……始知圣人之道，吾性自足，向之求理于事物者误也。乃以默记《五经》之言证之，莫不吻合。

一天夜里，他恍然顿悟，随即发狂般地欢呼雀跃起来，感觉云开雾散，豁然开朗，不觉手舞足蹈！他终于参透了“格物致知”之旨。

这句话一是表明阳明身处危困之际，念兹在兹的仍是学为圣贤，这一根本性的宗旨，为阳明带来了巨大且持续的心灵动力，是阳明哲学突破的动源。二是格物致知是为圣做贤的工夫基础，这一点没有错，但不像程朱所说，天理存在于外在的事物当中，求天理需要在事事物物上去格物；相反，天理就在人人本来就有的天性当中，求天理就只应不断发明自己从天那里得来的理，而无需向外追寻。原来，圣人之道蕴藏在每一个人的心中，一直以来沿用的向心外求理的方法本身就错了！

这样一来，阳明终于打通了长期横阻在为学目的和修养工夫之间的关隘，悟通了“物之理”与“人之心”之间的关系！这一悟，史称“龙场悟道”，又叫“龙场顿悟”。阳明在龙场通过“澄默静一”的修习而超脱了生死之念，同时还悟出了“格物致知”之旨。

次年，阳明又推进了自己的思想，提出了“知行合一”的说法。知行合一的思想内涵，我们在下面还会详说，这里主要说他为什么要讲知行合一。阳明讲知行合一时，他的大弟子徐爱一时间都不能理解，他问阳明，古人都把知行说成两件事，先生怎么说就是一件事呢？

阳明认为，圣贤经传当中有时偏重说知，有时侧重说行，实际上是针对不同的人来说的。在根本意义上，知行就是一回事。但是，程朱理学尤其是朱子之学，在修养工夫上是主张先致知、后涵养的，也就是主张知先行后的。先致知就是先认清道理；后涵养就是认清了道理以后，在事物间去行这个道理。阳明认为，程朱实际上将知和行割裂了开来，造成后来学者离行而求知，所得不是真知，所行不是真行。因此，他的知行合一之说，也是针对程朱理学工夫论的偏失，以及明代士风堕落的现实情况而提出的。

阳明在贵州龙场只待了两年（连同路途可说前后三年，三年谪居，正德四年年底期满，次年三月到江西庐陵任知县），但这在阳明心学创立过程中却是至关重要的。一是悟了“吾性自足、不假外求”，实际上也就是后来总结出来的“心即理”；二是悟了“知行合一”。这两点构成了阳明良知学的主要内容。

阳明在贵州不只是悟道、讲学，他与这里各民族、各阶层的人物相处，播撒中国文化的种子，以仁德感化四方。阳明认为，天下没有不被感化之人，应邀写了《象祠记》。当时水西地区的土著豪族安贵荣，继承父辈土司之职，出任宣慰使，有很大势力。他拉拢阳明，给阳明送礼，阳明坚守君子之道，不收礼物，又不屈从权势，以“义”说服对方不能脱离朝廷的管辖。安贵荣不满朝廷，认为酬赏太少，讨价还价，请朝廷削减水西地区驿站，让阳明帮忙，又遭阳明拒绝。安氏继想夺取水西另一豪族宋氏的势力，策动宋氏部下酋长叛乱，阳明给安氏写信，劝他立即出兵平叛，晓以利害。阳明一封信就震慑住了安氏。他尊重少数民族，尊重其上层人士，又坚持原则。对待少数民族，《礼记·王制》说：“修其教不易其俗，齐其政不异其宜。”儒家的这个主张很有道理。

龙场悟道在阳明学发展史上，乃至整个儒学思想史上，都有着无可估量的意义！

3. 政德与事功

阳明肯定孔子的“为政以德”，他认为做事在得人，事业必靠有德之人去积极推行。如十家牌法，如没有得力的有道德的人去推行，就会半途而废。他下力气在基层兴教化，美风俗。他批评当时的风俗，“争功利而薄忠信，贵进取而贱廉洁”，认为长此下去，必酿成祸患。

他主张宽政，以佚道使民，官员要从老百姓的利益出发，虽劳不怨。据他的《浚河记》记载，越地有地方官南大吉决定疏通水道，因为水道淤隘，水旱频繁，而商旅争夺水路，时有械斗发生。疏通水道触犯了部分富商的利益，他们放出流言，蛊惑民众反对。阳明听说后，鼓励南太守坚持下去，结果河道疏通，舟楫通利，行旅不绝。接着此地连年发生大旱灾、大水灾，越人收获如常，老百姓得到实惠，作歌歌颂南太守。

阳明不是不要法，只是强调善政以德为先。实际上，他治庐陵，辟城中火巷，绝镇守横征，制定了一系列规章制度。

阳明主张勤政守职，视民如伤。他对腐败现象深恶痛绝，他在弘治十年的《陈言边务疏》中痛斥朝中大臣外托慎重老成之名，盘根错节，结党营私，招权纳贿，终将至于颓败而不可收拾。嘉靖初年，阳明总督两广、江西、湖广军务，在《禁革轻委官职》中批评道：“有司之失职，独非小官下吏偷惰苟安侥幸度日，亦由上司之人，不遵国宪，不恤民事，不以地方为念，不以职业经心，既无身率之教，又无警戒之行，是以荡弛日甚，亦宜分受其责可矣。”

他查知有官员因私事弃职远出，或因上司经由，为巴结谄媚，越境迎送，即令布政司通行禁革究治，规定今后各衙门首领官都要置立文簿，凡遇官吏公事出入，因某事到某处迎送，或差委到某处，都要开列日期，岁终报给他，以凭查究。整顿吏治，是他治理地方的措施之一。关于权力，他认为，权为天下利害所系，小人窃之以成其恶，君子用之以济其善。君子欲济天下之难，不能不操之以权，但君子用权，必由其道。那就是：以至诚之心立德，扶植爱护良善；昭示不可夺去的气节操守，引导下属走正路。慎重地对待权，用好权，在用人上，在心态上，“坦然为之，下以上之；退然为之，后以先之。是以功盖天下而莫之嫉，善利万物而莫与争”。这里用老子“不争”的思想，调节心灵。足见惩治腐败，一靠制度，二靠良知，一内一外相互作用。

阳明是书生，但不是无用的书生，他有书生本色，同时又是马上之英雄，领兵打仗的统帅。他叱咤三军，是旷世罕见的大豪杰！真正的儒家都是内圣修己与外王事功两方面同时并重的。他一生的事功，被誉为“三百年事功第一”。最为人津津乐道的，叫做“三征”，即征南赣、征宁王、征思田。征南赣发生在正德十一年到十三年。阳明以大无畏力，平定江西、福建、广东、湖南一带的匪乱。他设立了“十家牌法”，就是将保甲制度和乡约制度结合起来，复兴人伦教化，稳定社会治安，保障当地民生。

征宁王，发生在正德十四年。宁王朱宸濠是正德皇帝的叔叔。听到了宁王叛乱的消息，阳明当机立断，率兵攻下了朱宸濠的老巢。但阳明不仅没有受到封赏，反而遭到毁谤诬陷。不久，明世宗继位，任命阳明为南京兵部尚书，又加封阳明为新建伯，阳明两次力辞爵位，都没能如愿，但他回乡省亲的奏折则获得了批准。于是他回到了故乡，侍奉老父亲，并讲论学问。阳明此时激流隐退，体现出一种“功成不必在我”的境界，表达了极高的政治智慧。

嘉靖六年（1527），五十六岁的阳明抱着病体，应朝廷征召，总督两广及江西湖广军务，踏上征程前往酷暑难耐、恶疫肆虐的南方。在平定广西思恩、田州等地叛乱的同时，他又采取了一系列有效措施，加强治安，施以教化。终日劳累诱发了他的肺病顽疾，嘉靖七年十一月，完成使命的阳明在归途中病情加重，又生痢疾腹泻。当阳明乘坐的一叶扁舟抵达江西南安（今大余县）时，他已经卧床不起了。他的弟子周积正在南安做官，听闻恩师来了，急忙迎候。两三天后，当月廿九日（1529年1月9日），一代哲人卒于南安境内长江岸边停泊的木船上。临终前，周积赶来，阳明徐徐睁开眼，把头转向周一侧说：“吾去矣！”周悲痛万分，泣不成声。

周压抑着呜咽，问恩师有什么遗言，他张开嘴唇，微笑着回答：“此心光明，亦复何言！”此心，就是良知。阳明终年五十七岁。死后，阳明被葬于浙江山阴洪溪乡（今属绍兴县兰亭乡）。

程明道诗云：“富贵不淫贫贱乐，男儿到此是豪雄。”阳明的学说与他的圣贤志向、出生入死的经历、波澜壮阔的人生及豪雄般的气质，密切相关。他的一生充满了一往直前、生气勃勃的气概与活力，并蕴藏着他深度的生存体验与独特的生命智慧。

（二）《传习录》其书

前面的“立志学为圣贤”和“贵州龙场悟道”，属于三不朽当中的“立德”；“三百年事功第一”讲的是“立功”，接下来我们看看阳明的“立言”。

阳明一生著述丰富，他的作品有极高的文学造诣和丰富的思想内涵。清代人吴楚材、吴调侯叔侄编的《古文观止》一书当中，收录了阳明三篇文章，一篇是《尊经阁记》，是嘉靖三年在浙江讲学时为绍兴稽山书院所写。第二篇是《象祠记》，第三篇是《瘗旅文》，这两篇都写于贵州龙场。阳明的书法也非常之好，明代大书画家徐渭（字文长）曾说，王羲之的字太好，人们只记得他的书法，而忽略了他高尚的人格和杰出的才能；阳明则相反，人们只记得他的人格、事功和学问思想，而忽视了他极高的书法成就。实际上，无论是文章还是书法，对于阳明而言都是枝节小技，他一生真正的成就，仍是学术思想上的。

最能代表阳明思想成就的作品，是《传习录》。“传习”二字见于《论语》首篇记载的曾子语“传不习乎？”曾子反省自己，老师传授的学业是不是复习了呢？朱子注：“传谓受之于师，习谓熟之于己。”《传习录》由阳明门人徐爱、陆澄、薛侃、钱德洪等根据平时记录辑成，分为正文三卷、附录一卷，被收入《王文成公全书》中。其中卷上、卷下，均为阳明答弟子问的语录；卷中为王阳明与朋友论学的信札（答顾东桥、陆原静、罗钦顺等）。附录一卷为《朱子晚年定论》，这是王阳明搜集朱熹答人书三十三则，以证明自己的观点的一部作品。从文献版本学上来讲，《传习录》上中下三卷的形成，也是《传习录》刊刻出版经过的体现，这里不再细讲。

作为阳明心学的最主要文献，《传习录》的影响非常大。从时间上来说，四百年过去了，历朝历代的文人学者都是常读常新；从空间范围上来讲，《传习录》传播到了日本、朝鲜、欧洲、北美。本书已经成为了解中国传统文化、了解儒学的一把钥匙，更成为反照我们内在心灵的一面镜子，帮无数的人挺立起人生价值与信念。所以清代大学者王士祯说：“王文成公为明第一流人物，立德、立功、立言，皆踞绝顶。”这绝不是过誉之辞！

当然，阳明著作不止《传习录》一本，他的著作被编为《王文成公全书》，有三十八卷，《传习录》只占其中的三卷；后来编了《王阳明全集》，卷数就更多了，有五十四卷。

阳明著作最重要的还是《传习录》。钱穆先生在论及国民必读的国学书目时，开了七本书，分别是：《论语》、《孟子》、《老子》、《庄子》、《六祖坛经》、《近思录》和《传习录》。前四本书大家都很熟悉；《六祖坛经》是中国化佛教也就是禅宗的主要经典，记载了六祖慧能的思想；《近思录》是南宋朱熹和吕祖谦合编的一本书，是北宋周敦颐、二程和张载等四位理学家的语录汇编，是理学的经典；与《近思录》相应，《传习录》就是心学的经典。这七本书，大家应该找来认真地读一读。以下第三部分专讲《传习录》的思想内容。

（三）王阳明思想要旨

阳明一生的活动，实际上是围绕讲学和社会教化为中心而展开的。他每到一处，恢复社学，招揽本地青年，大兴讲学之风。即使是在带兵打仗的过程中，也与自己的学生们讲学不辍，吸引了当地士子平民都来听，出现了观者如堵的盛况，听众像围墙一样，密不透风。阳明讲学究竟讲些什么内容呢？或者说，阳明心学的思想要旨是什么呢？实际上，就是我们前面提到的“心即理”、“知行合一”和“致良知”。这三个方面紧密联系在一起，构成了阳明心学的主要内容。

1. “心即理”

阳明心学的根本观点是“心即理”。在阳明之前，南宋有位大儒叫陆九渊（1139—1193，字子静，因讲学于象山书院，被称为“象山先生”），和朱子是同时代人，他主张“心即理”。因此人们常把陆、王并称，将二人的学问合称为陆王心学。陆王心学和程朱理学构成了整个宋明道学的两条主线。但是，陆九渊“心即理”的观点，是他“因读《孟子》而自得之”；而阳明的观点，则是他在经历了与朱子学的长期对话和自己不断的探索与体证后而得出的。与陆九渊相比，阳明对“心即理”命题的内涵的揭示和说明更为具体、深入和充实。

《传习录》记载了阳明与弟子徐爱对“心即理”命题的探讨。意思是：父母身上并没有蕴藏着孝的道理，君王身上也没有蕴藏着忠的道理，同样，朋友、老百姓身上也没有蕴藏着信和仁的道理。一个人要讲究孝、忠、信、仁，总归不是向别人身上去求。那么这些道理都在哪里呢？阳明认为，就在你我和每一个人的心中！我们的心本来就具有敬老孝亲、忠于职守、言而有信、仁民爱物等道理，才能事父母以孝，事君王以忠，交友以信，治民以仁。这里所说的心，不是一团血气的心，而是哲学意义上的“本心”。阳明是这样定义这个“心”的：

> 心之体，性也。性即理也。天下宁有心外之性，宁有性外之理乎？宁有理外之心乎？

这个心，就是天性，就是天理，就是天赋予人的善性。为了和一般意义上的心区别开来，我们称这个心为“本心”。既然心即是理，人可以在道德实践中将心之理赋予行为和事物，因此也就无需求理于外，到外在的事物上去求一个道理。所以本心就是一个，在不同的情景下，发为仁、孝、忠、信等道理；反过来说，这些道理不过是本心在发用流行中，所呈现出来的道德准则与秩序。

阳明提出的“心即理”，有着极大的思想价值。朱子认为“性”和“理”都是形而上的东西，具体的事物是形而下的，形而上的天理要依附形而下的事物而存在。所以他主张向外求理的修养工夫，也就是绕开一步，通过形而下的东西去求形而上的东西。阳明“心即理”的观点，则打通了作为道德主体的人和形而上的天理，以及形而下的万事万物之间的关系。三者都统合在“本心”当中。因此他主张直截在本心上做工夫，去掉人欲之私，不断彰显本心所蕴藏的天理的光明。所以说“只在此心去人欲、存天理上用功”。他说：

身之主宰便是心，心之所发便是意，意之本体便是知，意之所在便是物。如意在于事亲即事亲便是一物，意在于事君即事君便是一物，意在于仁民爱物即仁民爱物便是一物，意在于视听言动即视听言动便是一物。所以某说无心外之理，无心外之物。

阳明所说的“物”，是与心即理的“心”关联着的，“物之理”实际上也就是指“心之理”在物上的落实，也就是道德原理与道德法则，而不是指客观知识性的理。这些道德原理和法则，只能来自于继承了天性、蕴含了天理的本心，而不在物的自身。心之理落实到事物上而得其宜，也就是恰好、刚刚好，这种情形就叫做“义”。因此，求义或者求理，就只能在本心上求，而不能在外事外物上求。为了避免将“义”看成外在性，同时也为了强调“义”和“理”本于“吾心”，阳明采取了“心外无物，心外无事，心外无理，心外无义，心外无善”这样一种极为强势的表达方式。但是，“心外无物”的说法，很容易引起人们的质疑。《传习录》中记载了一个“南镇观花”的故事：

先生游南镇，一友指岩中花树问曰：“天下无心外之物，如此花树在深山中自开自落，于我心亦何相关？”先生曰：“你未看此花时，此花与汝心同归于寂。你来看此花时，则此花颜色一时明白起来，便知此花不在你心外。”

友人的问题，正是针对阳明“心外无物”提出来的。按照心外无物的说法，外界事物是否独立于吾心、还有没有客观实在性呢？一直以来的高中政治教材，就是从这个角度去批判所谓主观唯心主义的，造成了许多人对阳明心学的误解。那么，阳明的回答真的否认了事物的客观实在性吗？答案是否定的！我们看第一句，“未看此花时，此花与汝心同归于寂”，这个“寂”，意思是不彰显，而不是不存在。否则“同归于寂”就成了花也不存在、心也不存在，哪个主观唯心主义者会说心不存在呢？所以他首先就承认了花的存在是客观的。关键是第二句，“你来看此花时，则此花颜色一时明白起来，便知此花不在你心外”。所谓“一时明白起来”，也就是有了意义与价值，而意义与价值的赋予，则离不开“你来看”。你不来看，这个花与你的心无关，也就无法“明白起来”，自然没有意义和价值；与此同时，你的心也不活动，没有赋予任何东西以意义和价值，这就叫“同归于寂”。只有你来看，赋予花以意义和价值，此花颜色才“一时明白起来”，花的价值和意义，由观看者的心来赋予，与心不可分，所以“不在你心外”。马克思在《1844年经济学哲学手稿》中指出：“对于没有音乐感的耳朵说来，最美的音乐也毫无意义。”这是说，对于音乐的欣赏，只对具有审美能力的主体来说才有意义。由此可以看出，阳明在讲“心外无物”时，并不是针对外界事物是否独立于“吾心”而存在这类问题而发的，而是与他对“物”的特殊规定以及他的整个思想系统密切关联着的。存在是客观的，但存在的意义与价值，则由人来赋予。这才是阳明所讲的“心外无物”的根本意义，也是心学体系中心物之间的根本关系。

2.“知行合一”

前面说到，阳明在龙场，先是悟通了“心即理”，随后又悟通了“知行合一”。可以想见，“知行合一”与“心即理”之间，一定有很深的关联。阳明后来也明确说：“外心以求理，此知行所以二也。求理于吾心，此圣门知行合一之教。”这表明“知行合一”是建立在“心即理”的思想基础上的。所以，我们要联系阳明“心即理”的思想，来分析和讨论他的“知行合一”说。

从《传习录》看，阳明在论及知行关系时，有一个反复申明的观点，叫做“知行本体，原来如此”。他本人有时候又将“知行本体”称为“知行之体”、“知行体段”。究竟什么是“知行本体”呢？这四个字包含了两层意思。第一层意思，如阳明所说：“知行如何分得开？此便是知行的本体。”这里的“本体”，就是本来面貌的意思，“知行本体”也就是指知与行互相联系、互相包含、本来一体；知行分离，也就背离了知行的本来意义、违背了知行本体。第二层意思，阳明又说：“‘知行’二字亦是就用功上说；若是知行本体，即是良知良能。”这里的“知行本体”，就是指良知良能。良知良能是孟子的说法，就是指无需经过后天的学习、先天具有的道德认知和道德实践能力，实际上也就是本心，就是“心即理”之心，或者叫“心之本体”。二者相较，后一种“知行本体”的涵义无疑更为根本。理解了“知行本体”的两层含义尤其是后一层含义后，我们来看阳明关于“知行合一”的论说：

《大学》指个真知行与人看，说‘如好好色’，‘如恶恶臭’。见好色属知，好好色属行。只见那好色时已自好了，不是见了后又立个心去好。闻恶臭属知，恶恶臭属行。只闻那恶臭时已自恶了，不是闻了后别立个心去恶。

知行之所以能够合一，在于人自身就有“知行本体”。这个“知行本体”，既是“心即理”之心，也是“良知良能”。一方面，“心即理”表明此“知行本体”自身即为立法原则，赋予了事物以道德秩序与准则，所以要认识这个道理、要行这个道理，无需“外心以求理”，只需“求理于吾心”，从这个意义上讲，知行统合于人的本心。另一方面，“良知良能”表明此“知行本体”本身还是道德认知原则与践履原则，“见父自然知孝，见兄自然知弟，见孺子入井自然知恻隐，此便是良知，不假外求”。见到小孩子要掉进井里了，人当下即起恻隐之心，当下即去援手相救，这就是“本心”的自然显露和发用，就如同见漂亮的事物产生倾慕，闻到恶臭时自然感觉厌恶一样，不需要参杂刻意的思索，也不需要在思索之后再有意识地采取某种行动，从这个意义上讲，知和行之间也没有丝毫的间隔。这是道德的直觉、正义的冲动。正因为人有这样一个“心之理”的心、或者“良知良能”作为人的知、行活动的根本依据，也就是“知行本体”，所以阳明才说：

知是行之始，行是知之成。若会得时，只说一个知，已自有行在；只说一个行，已自有知在。

既然只有“心即理”之心才是“知行本体”，那么，被物欲私欲所蒙蔽和隔断的心当然不是“知行本体”。所以阳明强调要“复那本体”，不可使此本体“被私欲割断”。也就是要摆脱物欲私欲的缠绕，收拾身心，发明“知行本体”，才能真正做到知行合一。阳明说：

我今说个知行合一，正要人晓得一念发动处，便即是行了，发动处有不善，就将这不善的念克倒了，须要彻根彻底，不使那一念不善潜伏在胸中。

凡是“知行本体”所发之知，则必能行，这就叫“一念发动处，便即是行了”。“不善的念”不仅不是“知行本体”所发，反而遮蔽和隔断了“知行本体”，只有将此不善的恶念彻底根除，才能“复那本体”，使道德认知和道德行为互相吻合，从而做到真正的知行合一。这是知行合一的本体论含义，也是根本含义。他深深体会到“破山中贼易，破心中贼难”，要防患于未然，要从人的一点恶念处入手，不使邪念进入现实经验中为非作歹。

阳明完全是从道德出发来讨论知行工夫的，故在他看来，知必须表现为行，能知必然能行。知与行相即不离，两者是同一工夫过程的不同方面。他说：

> 行之明觉精察处，便是知，知之真切笃实处，便是行。若行而不能精察明觉，便是冥行，便是‘学而不思则罔’，所以必须说个知；知而不能真切笃实，便是妄想，便是‘思而不学则殆’，所以必须说个行；元来只是一个工夫。

一般地来说，“明觉精察”是形容知的，“真切笃实”是形容行的，但阳明要求，人在知的过程中要抱有“真切笃实”的态度，在行的过程中要保持“明觉精察”，知不离行，行不离知，且知且行，即知即行，这样的知才是真知，这样的行才是真行。这是知行合一的工夫论含义。我们今天讲的“知行合一”，已不是道德范畴、意义上的，而是社会实践意义上的，这是我们与王阳明的根本不同。

3. “致良知”

阳明在去世前曾说：“吾平生讲学，只是‘致良知’三字。”也就是说，“致良知”是阳明一生思想的总结。“良知”两个字出自《孟子》：“人之所不学而能者，其良能也。所不虑而知者，其良知也。孩提之童，无不知爱其亲者；及其长也，无不知敬其兄也。”所谓良知，就是指人不依赖于环境、教育而先天具有的道德意识和道德情感。爱亲敬长就是良知的最初的自然体现。“致”字则出自《大学》“格物致知”。阳明创造性的将这两个概念结合起来，实现了心与理、知与行、道德修养与社会实践的融合为一。

首先，在阳明那里，良知是一个贯通天人的概念。他说：“心之本体即是性，性即是理。”大家知道，性是天性，理是天理，心之本体是本心，也就是良知。三者之间是对等的关系，所以宇宙间最根本的秩序也就是“天理”，天对人的本质性规定也就是“天性”，以及人的道德本质和主宰也就是“本心”，三者就完全贯通起来了，本心或良知于是直接成为天理的具体表现和生发之源。

其次，阳明所讲的良知，又指“随时知是知非”的道德认知与判断能力，是一个贯通体用的概念。关于这一点，《传习录》中有很多个地方都有体现：

良知只是个是非之心，是非只是个好恶，只好恶就尽了是非，只是非就尽了万事万变。

是非之心，不虑而知，不学而能，所谓良知也。

盖良知只是一个天理，自然明觉发见处，只是一个真诚恻怛，便是他本体。

在这些话里面，有着非常浓重的“知”的色彩。良知会自动地呈现于心并为主体所觉知，就是人的至善本性在是非知觉中的当下朗现。这种是非知觉里面，必然蕴含着应当如何的道德原则，以及道德选择的方向。这个原则就是天理，依据天理，进行道德判断，甚至产生意向性活动，就是道德实践。能够知善知恶的良知，既是至善本体，又是至善本体的功能和发用。所以说，良知的概念贯通了体用两个方面。总之，阳明五十岁前后提倡的“致良知”之学，实际上是在早年“心即理”和“知行合一”的基础上发展出来的，也蕴含了“心即理”和“知行合一”的主要理论内容。

正是在兼具“心即理”和“知行合一”的基础上，阳明将良知视作是天地之心、宇宙之心。良知赋予了天地鬼神万物以存在的价值和意义，是价值意义的创造本源和主宰力量，具有绝对性和根源性。人因为有此良知，就可以和天地宇宙会通，可以充当宇宙天地之心，从而肩负起协理宇宙天地万物的责任。正因为良知如此重要，所以阳明断定：“‘致良知’是学问大头脑，是圣人教人第一义。”

良知既是“性与天理”，又是道德认知与判断。因此所谓“致良知”，也就包括两层意思：一是不断地向至善的道德本体的归复，以达到极致；二是以道德认知和判断为依据，加以实行。在第一层意思上，“致良知”就是“致吾心之良知”。这个“致”字既作名词，有极点、终极之意，又作动词，有向极点运动之意。“致良知”就是使良知致其极，就是扩充良知本体至其全体呈露、充塞流行，“无有亏缺障蔽”。阳明认为，良知有本体，有作用。孩提之爱敬是良知本体的自然表现，但并非良知本体的全体。只有将这些发见的良知进一步充扩至极，良知本体才能全体呈露。当然，人生中良知充扩至极的过程是无限的。

一方面，良知本体的至善性、绝对性和普遍性为人们的道德践履和成圣成贤的追求提供了内在根据和根本保证。“人胸中各有个圣人”、“人人皆可成尧舜”的道德洞见，能有效促使道德主体挺立，激发道德理想追求。另一方面，又要对良知本体在现实环境中作用流行的相对性、具体性以及致良知过程的无限性保持清醒认识，以防道德主体的自我膨胀、猖狂及虚无。

致良知的第二层基本意思是“依良知而行”。“致”字在这里相当于“行”字，致良知即“行良知”，即依良知而实行。阳明更为强调这一面，他说：

> 尔那一点良知，是尔自家底准则。尔意念著处，他是便知是，非便知非，更瞒他一些不得。尔只不要欺他，实实落落依着他做去。

良知知是知非，就是人的道德认知与判断，是行为的准则。致良知就是“实实落落依着他做去”，即依照良知去行。也就是说，只有按照良知指导而行才能称为致良知。所以必须将良知之所知贯彻落实到日常的道德践履中。正因为“良知”为知，“致”则有力行之义，所以阳明认为“致良知”，“即吾所谓知行合一”。这就体现了阳明学说的前后一贯性。“致良知”说既简易直接又内涵丰富，将阳明的整体哲学思想完满地表述出来了，标志着阳明哲学建构的最终完成。

（四）阳明学的影响与现代意义

1. 阳明学的影响

阳明学产生以后，迅速产生了巨大的影响。王门弟子分化成为浙中学派、江右学派、泰州学派等，遍布中国十几个省。朝廷大臣、学者士大夫、贩夫走卒当中，都有阳明学的信徒。尤其是在中下层民众中具有极大的影响。因为阳明学“致良知”、“知行合一”等主张，摆脱了长期的文字训练和经典阅读，是一种简单直截、当下即是的功夫，所以能够引发中下层老百姓的极大兴趣，直接推动了儒学平民化运动，构成了对官学也就是朱子学的冲击，实际上起到了解放思想的作用。

当然，王学在历史上也因此由极盛而衰落。由于后学中有些人流于狂禅，不务实事，无关修养。当然，这也可以说是王学体系中的内在矛盾使然。与古今中外一切思想体系一样，王学体系也有自身自我否定的因素。张祥浩先生认为，身处武宗朝政治黑暗年代的王阳明倡导致良知教，意在从士人内心唤起维护仁义道德的自觉性，因而屡屡强调良知即天理，即准则。这适应了特殊处境下的知识分子安身立命的精神需要，但这也包含着一种危机，即只强调内心的道德自觉，忽视了纲常伦理的客观准绳与圣人言教的权威性。良知说有忽视客观规范、标准，漠视温凊定省诸礼法仪节的倾向，后来成为言行不检点的人掩饰自己丑行的口实。

另一方面，阳明学对后世影响之深，再没有其他学派可以与之比肩。明亡以后，清代阳明学受到打压，但被誉为“同治中兴名臣”的曾国藩，一生都崇拜阳明、效法阳明。进入近现代，阳明学作为一种平民哲学，被当作反抗压迫、争取平等的思想武器，重新焕发出光彩。譬如孙中山先生的“知难行易”学说，就是由阳明“知行合一”学说发展而来。蒋中正也喜欢阳明学，到台湾后把台北市的草山改名为阳明山。

毛泽东青年时期的导师、后来的岳父杨昌济先生，也是阳明“知行合一”学说的忠实信徒，在他的影响下，毛泽东认真阅读了《王阳明全集》，做了很多笔记，还写了一篇《心之力》的文章，大致上就是按照阳明学的路子来阐述的，这篇文章获得了杨昌济先生的大加赞赏。在接受了马克思主义以后，毛泽东特别强调人的主体性和主观能动性，也不能说没有阳明学的影响。

儒学的现当代发展也受惠于阳明心学。现代新儒家大师熊十力先生及其开创的新儒家学派就是例证。最近我们受郭沫若纪念馆委托，整理出一批熊十力致郭沫若的信札。在1944年，熊、郭二位先生就围绕阳明展开了大篇幅的讨论。郭沫若继承了阳明学的实行观点，主张“事上磨练”；熊十力则说“事上磨练”固然不错，但必须加上“保任良知”四个字，叫作“保任良知，去向事上磨练”，方能无弊。今天看来，熊先生得到了阳明学的真髓。他自己也说，在他哲学体系中，仁、诚、本心、本体等范畴，就是阳明所讲的良知。他的学生、现代新儒家第二代的旗帜性人物牟宗三，创立的“道德形上学”特别强调良知本体，直接继承了阳明心学的主要内容。

阳明学不只是中国文化的无尽宝藏，而且流传到日本、朝鲜，推进了他们的近代历史进程。阳明四十二岁时，曾在浙江与日本禅僧了庵桂悟会晤。桂悟东归，日本始知有阳明学。明万历年间，阳明著作就传入了日本，被称为江户儒学鼻祖的藤原惺窝就读过《阳明文录》。十六世纪中期，中江藤树（1608—1648）最先在日本传播阳明学，他被称为日本阳明学的“元祖”。中江藤树之后，出现了三轮执斋（1669—1744）、佐藤一斋（1772—1859）、大盐平八郎（1794—1837）等阳明学大师。三轮执斋最先注解了《传习录》，这个注解本甚至早于中国本土。佐藤一斋提出朱陆（王）会同的理论，从而使得日本阳明学成为幕府之学，具有官方地位。大盐平八郎则将张载太虚说与阳明心学结合起来，发展了阳明学，他本人甚至在阳明学鼓舞下，领导了大阪农民和都市贫民的起义，虽因失败而自杀，却发出了倒幕运动的信号。稍后的维新志士如梁川星岩（1789—1858）、西乡隆盛（1826—1877）、吉田松阴（1830—1859）等，都是阳明学的信徒。他们以阳明学为团结下层武士、平民的纽带和行为动力，开展倒幕和维新运动。阳明心学深刻影响了明治维新，已经是国际学界的共识。冈田武彦先生甚至认为，中国阳明学在明亡以后，“遭到空前激烈的非难”；“然而在日本，阳明学则得到了彻底的发展”。

朝鲜半岛大约在阳明逝世前后就已经了解了阳明学说，有“朝鲜朱子”之誉的李退溪（1502—1571）甚至撰写了一部《传习录论辨》，专门驳斥阳明学说。退溪的巨大影响力，很大程度上阻碍了朝鲜阳明学的发展。但他本人却有很明显的心学倾向，甚至提出了与阳明学颇为相通的“心即理”命题。十七世纪，郑霞谷（1649—1736）潜心研究阳明学，开创了江华学派，一直流传至今。同时，阳明学的实用因子也影响到作为民族启蒙思想前兆的实学派学者。实学思潮主要流派的重要学者，如李瀷（1579—1624）、朴齐家（1750—1805）、丁若镛（1762—1836），无不受阳明学之影响。朝鲜近代实学思潮代表学者朴殷植（1859—1925），更是力图通过阳明学实现“儒教求新”的目的，将当时流行的社会进化论与阳明学结合起来，开展了名为“大同教”的宗教运动。所以钱明认为，“阳明学乃是朝鲜实学思潮产生的重要哲学基础”。

以上简要地介绍了阳明学的东亚传播情况，实际上也是为了说明，阳明学绝不仅仅属于中国，也绝不仅仅属于古代，恰恰相反，他作为东亚诸国共同的思想资源，在各国近代化进程中都发挥了重要作用。所以陈荣捷先生才这样评价王阳明及其著作：

> 有明王学展播全国，支配国人精神思想百有余年。其致良知与知行合一之旨，至今仍为我国哲学一擎天高峰，而四句之教，聚讼百载，火尚未阑。东渡而异地开花，于明治维新，给大生力。此强健思想之源泉，乃《传习录》也。

2. 阳明学的现代意义

阳明学的现代意义，其实是由阳明学本身的特质决定的。阳明学本身就是自由活泼、积极主动的，极具创造性。它的第一个根本特点，就是强调人的道德主体性，即道德自由。阳明学告诉我们，良知是心之本体，知行的本体。人是有良知的，人应该不断地发明良知、实践良知，振起人的精神生命。“致良知”是学问修养的灵魂与第一原则！他告诉了我们一条道德人格的上升通道，彰显了人性本来的光辉，强调人性的光辉不仅要照亮我们自身，甚至还要照亮他人。人不应该向下沉沦，不能为物欲所遮蔽，不能陷入异化之中而否定自我的人性。这一点，可以唤醒现代人冷漠的、功利的、庸俗化的心灵，反抗当下社会拜金主义、享乐主义、虚无主义，拯救当下的生态危机、信仰危机、道德伦理危机。

例如，王阳明对自然万物，包括草木、鸟兽、山水、瓦石等，都有一种深厚的生命关怀，强调“仁者以天地万物为一体”。他发挥孔子的“仁爱”与孟子的“仁民爱物”思想，在他看来，不仅是动植物，不仅是自然之物，甚至人造之物（如瓦），因其源于自然，又是人生存的不可或缺的物品，也都有生命，都有存在权利，都要顾惜。他认为，天地万物是一个生命整体，虽然人类必须取用动植物，但动植物仍有自身的价值。儒家肯定天地万物皆有内在价值，要求一种普遍的道德关怀。

王阳明的“致良知”，就是把“真诚恻怛”的仁爱之心发挥、扩充、实现出来，去应对万物，使万物各安其位，各遂其性。“致良知”包含着从人性上反思自己，反思人的贪欲、占有欲及人对自然万物自身权利与价值的不尊重，以及由此而产生的过度取用与开发。

阳明学的第二个特点，就是知行合一。“知”在这里指良知，阳明强调真知真行。现在我们给老百姓讲儒学，经常会遇到这样的问题，有人说，你讲得都非常好，但是我就是做不到。阳明学讲的知行合一，就是针对这个问题来的。做不到是因为还没能理会得透，理会透了自然做得到。阳明学告诉我们，要在日用伦常之间，在礼乐刑政之间，将天地万物一体之仁发用出来，用来敬老爱亲，用来修身齐家，用来尽伦尽职，为政理事。做一分，就体认一分良知，体认一分良知，就要行一分。这一点，可以赋予今人实践道德、完善自我的勇气。

阳明的亲身经历也提醒我们，为政之道在于明德、亲民。阳明解释“大学之道，在明明德，在亲民，在止于至善”时，特别强调在明明德的基础上亲民。他首先是强调为政者要修身以德，以仁德为核心价值，引领和实现政治的正义。官德不仅仅是一种职业道德，更是人的良知在政府事业上的直接运用。为官不讲官德，就是违背良知。进一步地来说，亲民就是要以民为本，视百姓为骨肉亲人，尊重民心民意，体察民间疾苦。在具体的政治实践中，阳明以高超的政治智慧，将社会教化、社会治理以及具体的行政手段结合起来，治理了很多难治之地，实现了民不骇政，四方咸宁。阳明的为官之道，对于今天加强党员干部修养，化解社会矛盾，转变政府职能等，有借鉴意义。

阳明是一位真正了不起的大师，《传习录》是一本意涵极其丰富的著作，阳明学是一个博大精深的思想体系。阳明及阳明心学，四百年来影响深远，有着强烈的现实意义。阳明的学贵自得，事上磨练，推崇《大学》古本，强调“诚意”的重要，都需我们琢磨。要想真正了解阳明，了解阳明学，最好的办法，无过于大家一起来读阳明的书。

三、“亲亲相隐”与“大义灭亲”的伦理与法理之反思

最近十多年，学术界展开了关于“亲亲相隐”的论战。有的专家认为儒家主张的“亲亲相隐”成为现在腐败的根源。到底是不是这么回事呢？儒家有很多关于廉德与廉政、关于孝悌与廉政的关系的论述。儒家不仅有一个知识系统、一个价值系统，更是一个信仰系统，有对天地的敬畏。在整个儒家伦理的思想中，“亲亲相隐”只是一个很小的问题。最近十多年，学术界关于“亲亲相隐”的争论，有一两百篇文章、好几本论文集。

以下我讲五点：一、《论语》、《孟子》三段文本的要旨。二、“直”、“隐”、“孝”、“仁”与“爱有差等”。三、西方思想史上的“亲亲相隐”。四、“亲亲相隐”制度化对人民权利的保护。五、“大义灭亲”与为什么不能以此作为法律之依据。

（一）《论语》、《孟子》三文本的要旨

这场争论就是围绕着三文本展开的。因此，我们有必要通过对文本的解读，来了解到底孔子、孟子的主张是怎么回事。

《论语·子路》篇的第十八章记录了这样一个故事：孔子率领众徒周游列国时曾到过楚国。过去楚国的范围就是我所在的两湖，还包括今天河南的一部分以及安徽的一部分。楚国北部有一个叶公，他所在的党乡有一个以直闻名的人，大家叫他直躬。

> 叶公语孔子曰："吾党有直躬者，其父攘羊，而子证之。"孔子曰："吾党之直者异于是：父为子隐，子为父隐，直在其中矣。"（《论语·子路》）

这段话的意思是，叶公告诉孔子说："我的家乡有个正直的人，他的父亲偷了人家的羊，他向官府告发了父亲。"孔子说："我家乡的正直的人和你讲的正直人不一样：父亲为儿子隐，儿子为父亲隐。正直就在其中了。"在这里，"攘"是有因而盗，即不是说去鼓励偷盗，而是"凡六畜自来而取之曰攘"。也就是说，傍晚我们收羊圈的时候啊，把羊赶回到自

己家里栏圈中，但没有把别人家里掺和进来的羊还给人家，这就是“攘”。而“子证之”的“证”就是告发。孔子所讲的“隐”不是隐藏的意思，而是不声张、不公开宣扬的意思。并且，它包含父子之间相互的微谏，相互的内部批评。让爸爸把羊送还就行了，不必当众宣扬，也不必向官府告发。这样的“直”才是真情实感，才是真正的直。

面对楚国的叶公的挑战，孔子的回答：我主张的是，在发生民事纠纷案件时，如果不是什么特别大的问题，而是顺手牵羊这类的问题，父子之间的批评，应当是一个内部的批评，不要把它张扬过大，损害了父子之间的恩亲；不要弄到法堂面对的尖锐地步，而是轻微批评就可以了。这是一个文本。

在《韩非子·五蠹》中也讲到直躬这个人，说直躬这个人一定要把他的爸爸告到官府里面去，结果楚国令尹听说以后就非常不高兴，要处置这个直躬，认为子女怎么可以告自己的爸爸呢？在《吕氏春秋》中也有类似故事的记载。这说明《论语》中所记载的父子相隐的故事，有各种不同的版本。比如，有一种版本是说：直躬的父亲偷了别人的羊，官府要把他爸爸抓起来。直躬说，我要代替我的爸爸去服刑。通过这种方式，再一次的买取他的直名。所以孔子听闻以后就说，直躬是利用他的爸爸两次得到“直”的好名声。第一次得到好名声，是他要向官府、社会上告发他的爸爸，他的爸爸是顺手牵羊，或者是别人家的羊到了他们家羊圈，没有及时还给别人。第二次是说官府要抓他的爸爸，他说他要代他的爸爸去服刑。这就是买直名，沽名钓誉。他完全是为了他自己的名声，很矫情。

下面我们再讲两个故事。先讲一个，在《孟子·尽心上》“桃应问曰”章记载了这样一个故事，这个故事也是中国伦理史上很有名的两难推理故事。它其实是编造出来的，因为伦理推理可以产生论辩，来锻炼我们的思维。

桃应是孟子的弟子。我们知道，孟子生于战国的中期，是今天山东邹县这一带的人，是邹国人。孟子和他的学生桃应讨论了什么问题呢？他们讲到，过去大舜的时代，舜做了天子（舜是一个极其孝顺的人）。而舜呢，出生在一个很不幸的家庭，他的爸爸非常混蛋，他的后母非常恶毒，他的弟弟（象）也非常顽劣。他出身在这个家庭里面，依然维护孝道。他的爸爸、后母、弟弟多次加害他。他要打井，他们就把下井的梯子抽掉，以为他会被淹死；他要上屋顶去修粮仓，他们也是把梯子抽掉，加害于他。所以，在这样一个家庭里成长的舜，被选为部落联盟的首领，甚至被称为“圣王”，是因为他极其的孝顺，不断感化他的家人，感化周边的人。他当了天子以后，请了民间非常正直又极具正义感的人皋陶，让皋陶做大法官。

在这里，桃应就提出了一个问题：如果舜的父亲杀了人，应该怎么处置呢？孟子就说，假如出现这样的现象，“执之而已矣”，抓起来就是了。桃应就很机智地问：“然则舜不禁与？”大舜不禁止大法官皋陶抓他的爸爸吗？孟子的回答是：“夫舜恶得而禁之？”舜怎么能够去禁止呢？他已经任命了皋陶为大法官，舜作为天子，既然任命皋陶执法，又怎么能去干扰他执法呢？“夫有所受之也”，舜是受命于天的，而皋陶的职务是授之于舜的。因此，舜也不会去干扰皋陶的执法。

这是前面一部分。后面一部分，桃应问：“然则舜如之何呢？”下一步，舜会怎么做呢，也许是在两难之中，大舜会采取这样一种方式：放弃天子之位。因为大舜本来就不想坐拥天下，不想拥有广土众民，不把权力利益看得很高。孟子认为舜放弃天下会像放弃一双破草鞋一样。也许，舜会悄悄地背负起他的爸爸，逃到法网之外，到沿海的不毛之地，自我流放，不再当天子，到那里和爸爸一起享受天伦之乐。然而，现在的我们知道，如果这样，就是逃犯。

孟子作为战国中期的人，他与弟子讨论远古三代的故事，他的推论有两层意思：第一层意思，一定要执法，天子也不能干预司法；第二层意思是说，其实一个两全之策就是如果舜放弃天子之位，那么他没有这样一个公权力了，也就无所谓利用公权力来保护他的爸爸，也许他会用自我流放的方式来解决这个问题。这里我们讲的是《孟子·尽心》上篇中的一章，介绍的这个故事是中国伦理学史上的很有名的一个伦理推理。

下面还有一段文本，是《孟子·万章》上篇所记载的故事。万章也是孟子的高徒，晚年是和孟子一起编写《孟子》这本书的学生之一。这也是一个伦理两难推理的故事。

万章问孟子说：过去大舜的时代，舜是以孝闻名，才拥有天下的。尧因此传位于他。他的后母弟象，非常顽劣。他曾经加害于舜，甚至有一次他还想娶他的两个嫂子（舜的两个妻子），象总是伤害他的哥哥。舜做了天子之后，就把象流放了，流放到今天湖南与贵州交界的偏僻一带，是为什么呢？孟子就说，哪里是流放象啊！明明是加封啊！（因为当时有人想不通，哥哥做了天子，怎么能流放自己的弟弟呢？）万章又说，大舜做了天子以后，批评、责备甚至杀戮如四凶等人。但是对弟弟象，一个最不仁的人，还把他封为有庳国的国君，难道有庳国的国民有罪吗？难道仁人可以这样做吗？

战国时对于这个故事有两种议论，一种是批评天子流放亲弟弟，一种是批评天子封赏这个有问题的弟弟。孟子和万章也是进行伦理推理和讨论，并不是实有其事。孟子说，我们仁人对于兄弟来说，不存怒气，不留怨恨，我们亲他爱他而已。我们亲他爱他，自然是希望他经济上好、政治上好，有名、有钱、有地位。封他到有庳国去，只是一种政治智慧。对于一般人来说，如果做了天子而对弟弟不加封赏是说不过去的，特别是西周以后实行分封制。如果你做了天子，而你的弟弟还是一个匹夫的话，这怎么叫亲爱他呢？这也是他那个时代，人们解读舜要封赏有庳国给象的一个故事。

万章又问：那为什么有人说是流放呢？孟子说：其实，对于批评封赏象的人和对于批评流放象的人，你们要知道这是舜的政治智慧，看起来封一个偏远的有庳国给他的弟弟，实际上他派了大量的官吏去监管他的弟弟。名义上我是封了象一个有庳国，但是我派了很多监管的人去帮助象治理这个有庳国，不会让象祸患有庳国的臣民。所以在这种情况下，看起来是封象，实际上是放象。在封赏和流放之间，这个故事也引起了很多非议。万章和孟子讨论的这个故事，就是关于象这样一个比较混账的弟弟，舜做了天子以后到底怎么对待他。当然实际上于史实无考，只是传说。对于这些传说，有很多伦理上的争鸣，到底是封赏他的弟弟呢？还是流放他的弟弟呢？对于流放和封赏，都有人批评。孟子和万章在讨论这个故事的过程中，也反映了当时的一些社会心态，我们知道孟子是战国中期的人，他讨论上古史，在伦理推理的过程中，他的依据是他之前的西周时期的分封制度。

到底这几个文本怎么理解？其次，从这几个文本引起的什么是孔子论的“直”，什么是“隐”，什么是“孝”和“爱有差等”呢？对于这三个文本该怎么解读，实在是现代人的智慧不够。我们常常说我们今天是知识爆炸的时代，我们现代人拥有很多知识，但是，面对孔子、孟子、老子、庄子这些圣贤，我们的智慧大大的不如他们。

我们知道，收录于《古文观止》中的王阳明的文章有三篇，其中有一篇说到，有人居然还为象建祠，把象在祠堂里供奉起来。这很有意思啊！在中原一带，象这个人是十恶不赦的。它说明什么呢？说明象被感化了，舜把他的一个顽劣的弟弟感化了，他把他非常不称职的爸爸和后母也感化了，所以他才是大孝子，他才能拥有天子之位。王阳明接受西南土司的邀请，为象祠写文章，讲感化的重要性。他讲象改恶从善是一件好事。作为兄长的舜帮助、感化他的弟弟，帮助他改恶从善，也是一件好事。阳明说，天下没有不被感化的人，意思是儒家十分重视道德感化。

明代有一位极有解放意识的思想家，叫李贽，李卓吾。他在对四书的解读过程中也涉及这一章。李贽说封象说和放象说，纯属虚构，若你认为这是一个实际的事情，那你就是读不懂书，只知道吃饭的秀才。读书要有体验，不要掉书袋。你要真认为，像和我们论战的论敌一样，真是掉书袋，批评孟子，批评大舜，说大舜偏私，说孟子鼓励腐败，那你就是一个"吃饭秀才"，没有真正读懂这个文本。其实文本的意思是说，感化能使任何顽劣的人或是坏人，变成一个善人、好人。

有关这三段文本，要真正理解，一定要精读经典的原文及上下文，融合贯通，还要细读朱子的《四书章句集注》、王船山的《四书训义》与《读四书大全说》、刘宝楠《论语正义》等经典注疏，细细琢磨、品味，反复思考。

（二）"直"、"隐"、"孝"、"仁"与"爱有差等"

从这三段文本引申出的问题是，我们如何看待人情、法律、天理之间的关系呢？它们之间的关系又是怎么样的呢？在我们儒家的伦理法系思想中，怎么样来对待如此的问题呢？

台湾学者庄耀郎先生，在解读上面三段文本的时候，就这样讲："父为子隐，子为父隐，直在其中矣"的这个"直"，其实就是真情实感。孔子用人情本来的恻隐之心，关爱别人，当下就有一种关爱怜悯之心，恻隐就是仁德的萌芽。他说这个“直”就是恻隐之心。比如我们见到人家有疾苦，就仿佛自己有疾苦一样；人家饿了，我就有饿感；人家有苦难，我自己感同身受，所以这是人心人情之直。从人心人情之直的立场来说，就是人情之“直”。这里，人情并不是私情。

庄先生还讲，人情的直，是我们立法的根据和根源。我们现在为什么讲法治呢？因为法有普遍性、公平性，毫无例外性。因此我们要把人情的一个外在化、规范化，变成一个大家都遵守的公共秩序，这个是法。所以，当礼这种文化在调节社会力量不够的情况下，要用法这个强制力量来维持社会秩序。但是我们要重视的是，中国是一个以礼治为主的国度。法制也非常好，但是法制如没有文化礼乐，没有这样一个价值系统，寡头的法制是非常危险的。可见，人情和法律又有一个先后的问题，法理要有据于人情，法律又规范人情，我们过去的礼也带有一部分法的内涵，它也是规范人情的，所以人情和法律之间是统一的，而不是绝对对立的。

今天我们讲的这三个文本就涉及儒家如何对待人性、人情、法理、法律，以及如何处理公私义利等这样一些问题。所以，实际上，我们的法还要根据我们的情、人、人性。“直”是真情实感。

下面还会看到，孔子在其他的场合下，也有讨论正直的事情。那什么是“隐”呢？关于“隐”，最近廖名春先生和我们也有争论，他把《子路》十八章的“隐”当作下面有个木字的“檃”。“檃栝”就是端正的意思，木匠把木头用火烤一下弄直，矫正。那“隐”到底是不是端正的意思呢？也不是。我们讲严格的学术，就是要求内证。比方说我们不能用《荀子》，战国后期的文献出现的这个“檃栝”的“檃”字，来讲《论语》中所见的此处的“隐”字。《论语》中的字与词，最好还是用《论语》的内证来解决。一个内证就是，《论语·季氏》篇孔子讲到的“隐”是“言及之而不言谓之隐”。他当时就说：“我们侍奉君子的时候，有几个毛病要注意，君子没有讲，你先讲了，这是急躁；君子讲了你没有讲，这个是隐。”隐在具体的先秦儒家的文本中有这样两个意思：一个就是不公开的宣扬，第二个就是细微的批评，微谏。

所以在儒家的语境中，我们讲“子为父隐，父为子隐”，儿子遇到这样的事情，应该不公开，并且私底下和风细雨地批评他的爸爸，和颜悦色地讲清道理，让他的爸爸把不请自来的羊或者顺手牵羊的羊送还给羊的主人。这绝不是鼓励偷盗的意思，孔子从来没有鼓励偷盗的言论和思想。这个“子为父隐，父为子隐”，只是说你不要公开的去告发，伤害了父子之情。这个问题可以和风细雨地调节，可以和风细雨地在私下加以解决。

《礼记·檀弓》篇第二章，我们可以举证关于隐的问题。这章讲，服侍亲人要“有隐而无犯”，“隐”和“犯”是相对立的概念。犯就是干犯，犯言直谏。《礼记·檀弓》篇注释中讲“隐”就是几谏，几谏就是轻微的批评，直谏就是犯颜，直截了当地批评。对于家庭内部，对于父母，要和颜悦色地几谏，这就是隐，包含批评但只是轻微的批评。直谏就是在公共事务中，为臣者当面撕破脸皮，在朝堂上大胆批评君主。父子之间以恩德为主，撕破脸皮之后伤害了父子之间的恩亲，很难弥补。君臣之间以义德为主，要敢于批判。

我们应该在父母身边，赡养父母。讲孝，不仅要给父母饭吃，还要给他们心灵的慰藉。现在的老父老母，他们感觉很孤独，想要和你唠唠嗑，我们做子女的太忙，但还是要多抽出一点儿时间陪陪爸爸妈妈。我们应该在他们身边养他们，一直到他们安详的去世，去世之后还要守孝三年。过去的规制是，你要当官的话须放弃公职，回到家里去服丧守孝三年。我们在襁褓当中，父母养育我们至少三年，当然也不止三年，因此我们以这种方式来服侍父母。

孟子讲，父子之间不要太过直接的批评，批评过当就会引起父子反目。为什么孟子在第二个故事说，舜要自我流放和爸爸共享天伦之乐？这是因为，孟子并不以拥有广土众民为最大的快乐。孟子讲君子最快乐的只有三件事，而拥有天下并不在其中。我们的父母兄弟都活着，这是人间第一大快乐事，这叫天伦之乐；第二个是道德之乐，人活着仰不愧于天，俯不怍于人，俯仰不愧于天人，堂堂正正做人，这是道德的愉悦；第三个快乐是当老师所特有的，“得天下英才而教育之”。中国将教和育两个字合起来并称一个词，是最早出现在《孟子》中。“君子有三乐，而王天下不与存焉！”我们是以《孟子》的内证来解读孟子。

宋代有一位叫杨时的人，是程门高弟，他解读过我们前面讲到的《孟子》的这一章。他认为父子之情是我们的私恩，法律是古代最重要的天下公义。而两者孰轻孰重，他说，其实这是不可以简单地比较的，恩情偏胜于义德，就委屈了法，义德偏胜于恩情，就把恩情掩蔽了。所以两者孰轻孰重，我们要具体情况具体分析。他说舜做了天子，假如他的爸爸杀人的话，而大法官皋陶抓了舜父，舜是不能去赦免的，这是从法。放人就废了法，杀了他的爸爸就伤了恩。天下不可一日无法，人子不可一日无父。所以，舜宁可放弃天子之位，自我流放。这是杨时的解释。那有人会问，舜的爸爸被抓了，他是怎样背着爸爸走的呢？这岂不是犯了劫狱罪？其实古人没有这个意思，这个故事的重点还是讲感化。因为舜的家庭是一个很有问题的家庭，惟其如此才显示了舜的大孝。此文本前一段就是不干预皋陶的执法，不赦免他的父亲，就是从公从义从法。做到这还不完美，假如可以放弃天子之位，放弃公权力就无所谓贪污腐败、贪赃枉法了。如果还能和爸爸一起去不毛之地自我流放过清贫日子，可谓两全之策。

在“文化大革命”的时候，盲目地鼓励父子相互揭发，父子反目，带来的亲情的伤害，实际上需要经过一个很长的修补过程。“文化大革命”时期最绝的事就是妻儿的背叛，使有的所谓“走资派”、“三反分子”，最后的念想都没有了，支撑自己最后活下来的勇气都没有了。所以我们对于亲情，一定要注意加倍保护。几谏就是不要犯言直谏。

那么我们怎么服侍君主呢？对于父母有隐无犯；在公共事务中，我们对待国君，要有犯而无隐。我们侍奉君，在公共事务方面，臣子有官守有言责，言责即犯言直谏。这和服侍父母不一样，因为服侍父母是私领域的事情，服侍君主是公共领域的事情。君做得不好的地方你要犯言直谏，批评他，我们也在君的左右帮助他，一直服务到这个君死了，我们也服丧。但是，臣对君的职责是敢于直言，敢于批评，敢于纠正君的错误，要公开的批评，这和你服侍父母是不一样的。可见，君臣之间最重要的是“义”，如果阿谀奉承领导，那反而是伤害了义，要敢于对于你的领导犯言直谏。至于老师，则是介乎君与父之间，无所谓隐也无所谓犯。

1993年在我们湖北荆门出土的郭店竹简里面发现的文字和大小戴《礼记》记载的一句文字是一样的，叫“门内之治恩掩义，门外之治义断恩。”可见，儒家在公共事务和私人事务上是区别对待的，私领域中我们一定要注意以恩德为重，爸爸妈妈再有缺点也要和颜悦色地对待他们、感化他们，爸爸妈妈再混账也不会像舜的父母这么混账，那样加害于自己的儿子吧？即使遇到这么混账的父母，除了用法律的手段以外，最主要的还是要感化。门外根本的问题就是公共事务的问题，朝廷的问题就是以义德为主，不要去过于迁就上级，一定要明确地批评君上的一些不当之处。

可见，儒家伦理对于不同的伦理关系，对于父母和子女的关系，对于君臣的关系，对于师生的关系是区别对待的。一个是“义”为主，一个是“恩”为主。汉代的大经师注释的这个“隐”是什么意思呢？郑玄注“隐”只是“不宣扬其过失”。不犯，是“不犯言直谏”，我们侍奉亲人，是以恩德为最主要的标准，侍奉君上是以义德为最主要的标准，侍奉师长是在恩义之间的。

我们再来看孝，什么是孝呢？各位都知道孝亲的重要性。《论语·学而》篇记载，孔子有一个年岁很大的学生有子，有子讲，君子重视根本，培植根本，道义就产生了。只有根本树立以后，我们的文化才能生生不息地发展。对父母的尊重叫孝，对兄长的尊重叫悌，孝和悌是仁德之本。怎么解释这句话呢？《孟子》中就说过，这世上什么是最大的呢？侍奉亲人是最大的事情，但并不是说儒家只讲侍奉亲人。这个最大，是指比较重要，是从孝道开始，培养我们的道德心灵。忠臣必出于孝子之门。为什么这么说呢？因为家庭是培养我们最初的学校，我们学习做人做事，都是父母无言之教慢慢浸润、感染我们的。所以《孟子·万章》篇也讲了，孝子最大的莫大于尊亲，懂得爱人是父母的爱感化了我们，父母的爱是最无私的，然后我们再去“老吾老以及人之老，幼吾幼以及人之幼”，推己及人，体会仁爱，这足以使我们的人格得到成长。

我们的论敌以为，儒家的文化只是在家庭伦理中。其实不是这样的。西方人也很重视家庭。下面我们会讲到，黑格尔把家庭伦理放在神的层面。其实中国更重视家，家是个人和社会连接的一个中介。家庭是我们最重要的精神港湾，是培养我们情商最好的基地。我在高校执教三十年，也算阅人无数，能够到武汉大学读书的孩子都很聪明，智商很高。但这个孩子将来是否成才，不在于智商的高低，更多地在于情商的高低。而情商怎么培养，一个人怎么全面的培养？我们古人讲的“心、性、情”的培养，我们的人心，人性，人情，怎么培养？我们的父母、我们的启蒙老师怎么教育，他们的身教要胜于言教。我们现在有很多名校的博士，学历很高，智商很高，这些人出国以后却没有对中国文化的认同，没有对他心灵的维系，有人皈依基督教，骂中国，骂中国文化。也发生了很多我们难以理解的事情。这就说明为什么要尊亲立爱，从我们家庭伦理推扩到社会伦理，家教的一个基础。

蔡元培先生是前清的翰林，又是喝过洋墨水的大知识分子，民国第一任教育总长。他为中学生写修身的教材，为到法国打工的华工写夜校教材，都讲到孝的重要性。孝亲是私领域的事情，爱父母和报答父母，是我们做人的根本。这不仅是维护私恩，更是培养公德的基础。私德是公德的基础。我们讲儒家仁爱的时候，讲孝悌是为仁（行仁）之本，而仁德是孝之本体。我们并不是为了孝而孝，“老吾老以及人之老，幼吾幼以及人之幼”，爱我们的亲人是培养我们社会公德，培养我们大爱的基础。试想一个人连自己的父母都不爱，何以爱他的邻人，爱陌生人呢？

在“文化大革命”时期我们出身不好的人要和家庭划清界

限。乡间和城里完全不同，后来下乡之后，我们才慢慢感受到人情之爱、人情之德还是从家庭开始的。这时候，我们才体验了父母对我们的爱，我们要做的是如何将这种爱转化成道德理性的基础。仁德是一个普遍的道理，孝道只是仁德的初始。很多人批评儒家爱有差等，我们爱别人、邻人、陌生人其实都是从我们对父母兄弟姊妹的爱推广出来的，所以爱人总有远近亲疏的差别，我们不可能做到包打天下。

下面我再为大家介绍几个西方思想史上亲亲相隐的故事，然后再讲讲亲亲相隐对私领域的保护，对亲情的维系。而这正是社会公正的基础。大义灭亲也是儒家的传统，为什么不能以大义灭亲作为法律的依据？而中国法制史上反而要以亲亲相隐作为法律的依据？

基督伦理讲上帝对人的爱是普爱，是无差等的爱，上帝可以做得到，可是我们凡人怎么可能做的到呢？我们常常开玩笑说："我爱我的太太，也爱您的夫人"，这种爱可能是无差等的吗？所以具体现实的人，爱人是有亲疏远近差别的。人是受时间性、空间性限制的，所以不能够做到爱无差等。西方哲学史的前辈贺麟先生，他有论著讲爱有差等的重要性，而有些宗教、思潮主张的爱是躐等的爱，爱无差等。其实，恰恰相反，没有差等的爱反而很危险，容易流于偏颇，没有理性。爱有差等，反而是有理性的。

（三）西方思想史上的“亲亲相隐”

接下来，我们来讲西方哲学史上的亲亲相隐。黑格尔将家庭伦理放在神的位置，他区分了家庭法和国家法，体现出家庭的神圣性。在古代，无论东方还是西方，都强调家的神圣性。柏拉图的著作中有一篇叫《游叙弗伦》，他讲的是苏格拉底的故事。德国现代的伟大哲学家雅斯贝尔斯，他讲世界文化有四种范型，这四种伟大的文化以四大人物为代表，有苏格拉底，佛祖释迦牟尼，耶稣和中国的孔子。苏格拉底作为西方文化的鼻祖，古希腊的智者，他很会辩论。游叙弗伦是一个智者，有一次他的奴隶主爸爸，手下的奴隶杀了人，他爸爸在出去办事前将这个奴隶绑起来扔到壕沟里了，准备回来再处理，结果就忘了，导致这个奴隶死了。游叙弗伦认为他的爸爸杀死了这个奴隶，尽管这奴隶是个杀人犯，也不应该由他的爸爸来处置。因此游叙弗伦到法堂外面徘徊，想要告发他的爸爸。苏格拉底是不主张子告父的，于是他就给游叙弗伦设了一个圈套，反复跟游叙弗伦讨论“虔敬”的定义，使游叙弗伦认识到不可以去告发父亲。苏格拉底的意思非常明显，即使他不把自己的思想强加给对方，但他让对方体会到儿子告发父亲是不对的。这是在古希腊柏拉图著作中的一个故事。

古罗马哲学家西塞罗在《论责任》第三卷“义与利的冲突”中，引用了希卡同《论道德责任》一书的相关论述。引文如下：“假定一个人的父亲偷盗寺庙中的宝物或挖掘通往国库的地道，他的儿子应向官方告发吗？”“不，那是有罪的；相反，如果父亲被控，他的儿子应当为其辩护。”“咳，那么国家利益不是比其他一切责任更重要吗？”“是的，国家利益的确比其他一切责任更重要。但公民忠于其父母，这对我们的国家有好处。”“但如果父亲试图篡夺王位，或叛国，他的儿子也要保持沉默吗？”“当然不能，他应当恳求他的父亲不要这样做。假如他的父亲不听，他可以责备甚至威胁他的父亲；最后，如果事情发展到有可能导致国家的覆亡，他应当宁可牺牲父亲也要维护国家的安全。”上述引文出自希卡同《论道德责任》一书，是希卡同的观点。希卡同的看法与中国儒家学者惊人的一致!

孟德斯鸠在他的著作《论法的精神》当中商榷了两条法律条文，有一条是：偷盗者的妻子或者孩子如不去揭发丈夫或者父亲的盗窃行为，就要降为奴隶。孟德斯鸠认为这项法律违反人性，他说：妻子怎么能告发自己的丈夫呢？儿子怎么能告发自己的父亲呢？为了对盗窃这一罪恶的行为进行报复，法律竟然鼓励了另一更加罪恶的行为。另一法律条文是：允许与人通奸的妻子的子女或者丈夫的子女来控告他们，并对家中的奴隶进行拷问。孟德斯鸠评论道：这真是一项罪恶的法律。它为了保存风纪而破坏了人性，而人性却是风纪的源泉。孟德斯鸠一针见血地指出了，这貌似公正的法的条文，却是对法理精神和人性的践踏。这和我们儒家的“亲亲相隐”也是非常相近的。

（四）“亲亲相隐”制度化对人民权利的保护

我们古代的“亲亲相隐”在孔孟时代只是伦理，还并未进入法律系统。后来随着中华法系的建设，为了维系这一社会，才被逐渐进入法律系统。于是后来，“亲亲相隐”的“隐”就有了隐匿、隐藏的意思。

西汉哲学家董仲舒以《春秋》决狱，从《公羊传》里面发掘父子相隐，并推广到养父子之间也要相隐。汉代桓宽编写了一本叫《盐铁论》的著作，其中记录了法家和儒家的两个辩论：一个是盐铁是官营还是私营，儒家主张私营，法家主张官营；一个是对待亲人是不是要连坐，法家主张连坐，儒家反对连坐，保护恩亲，保护私领域。从《汉书·宣帝本纪》当中我们知道，从汉宣帝四年的诏书开始，中华法系正式明确保护父子之情、夫妇之道。因此，即使父子之间、夫妻之间犯了罪，你隐匿了，也是可以不受法律制裁的。不主张在法堂上，父子亲人相互举证，罪证要由公权力机关去调查，而不是拷打你的亲人取口供。在东汉末年有一条法律规定："军队征的士兵逃亡，可以拷打他的妻和子。"这款条文被高柔等人反对，最终曹操下令废止。当时有人问："曹公，你是不是想要坐天下啊？"曹公："当然想。""如若你想要坐天下，就要维护法的基础——亲情伦理，那就要废除这条法令。"

晋元帝时规定亲属间不得相互证罪。北朝继续扩大亲属容隐的范围，已经有"亲亲相隐"的法令。唐代时，中华法系有了一个非常博大的唐律系统。《唐律疏义》确立了同居相隐不为罪的原则，其相容隐的范围较之汉朝进一步扩大，形成了一个完备的规范系统。

到清代末年修法时，吸取的主要是德国法和日本法。民国建立之后，1915年修法，沿袭了《大清新刑律》。民国《六法全书》所规定的亲属匿罪、拒证特免权，都加入了新的时代精神，既重视培护亲情，又把亲情作为一种权利来加以保护，这是法律非常重要的一个继承，也是一个改革。德国刑法第二百五十七条第二项规定"正犯或共犯之亲属，为使正犯或共犯免受处罚而予以庇护隐匿者不罚。"日本刑法也有类似的法律条文。在全世界的法律规定中，对亲人互隐，都有相关的保护。

从伦理讲到法律，在传统社会中有各种不可控的因素，所以儒家申张的是老百姓的生存权、财产权以及弱者的权力、鳏寡孤独的权利、受教育权和参与政治权等，这些就是儒家大道之所在，他可以更长久地维系人性的根本。清代末年，特别是民国时期的法制改革，使中国古代容隐制和引进的西方特免权相融合，所以容隐制度是中国古代儒家留给我们的宝贵资源，结合这样的制度来处理我们现实的问题，一定可以使我们的法律制度达到一个更健康的层面。

湖北曾发生过一起佘祥林案。佘祥林当时是京山县的一位中年男子，他的妻子走失了，公检法为了提高办案效率，屈打成招，判定是他杀死了他的妻子。佘祥林的妈妈和哥哥为此心急如焚，找到临县的一个干部作证，说看到他的妻子疯疯癫癫地走了。佘祥林因此才没被处决，但也因此他的母亲、哥哥受到牵连，被关押，受到处罚，吃尽苦头。而最后，这个疯疯癫癫的妻子又回来了。当佘祥林被释放出来的时候，他的母亲已经去世了。这就是因为追求执法效率而伤害了人性。这样的冤案说明，如果没有对亲情权的保护，就会产生很多冤假错案。表面上看起来办案的效率低了，司法的成本增加了，但宁可如此，也不要去轻易地伤害亲情，因为它是公平正义、公序良俗的基础。

儒家和法家在执政理念上是不同的。为什么儒家讲长治久安？为什么在乱世孔子会被打倒，而治世时孔子又被请出来？因为儒家是讲长久、平稳、和谐的大道。但是法家为了效率，为了实现国家利益、行政效率的最大化，而不顾对民众私领域的保护。因而儒法之争的过程中，儒家重视的是更长远的价值，这是社会和谐、道德昌明的基础，要保护人权与私人空间才是社会正义之所在。所以公私、义利、情法，不能将其截然分开，简单地对立起来去理解。看起来，父子互隐是中国古代的问题，实际上又是很现代很普遍的问题，这一主张看起来是偏私，实际上是大公。大家注意天理、人性、人情、法律的关系。父母子女之真情是符合天理的，符合人性的，这是高层次的，绝不要因外在一时的政治、利益关系扭曲了人性、人情，屈己从人，破坏源于天性的人性、人情。天理本于人情，又在人情中被反映出来。人情不是私情、情面。天理、人性、人情是高层次的，法律是低层次的，法律不能有悖人性、人情，更不能违背天理。刘宗周讲过，人情不同于“情面”的地方在于：“人情”虽然“就一己”但“不为私”；“情面”则表面上“就天下”但实际上却“不为公”。可见，“人情”其实是讲人的真实处境及其相应的情感，它是存在论的概念。因此，它不完全就是情感的东西，它是人性的体现，是真实处境下的真情实感，看似是私，但其实是公德之基。如此说来，人情之中有天理，天理就在人情之中。

（五）“大义灭亲”与为什么不能以此作为法律之依据

以上我们讲的是“亲亲相隐”以及它的制度化和法制化，下面我们来说一下“大义灭亲”。刚才我们讲到儒家思想有非常多的层面，在私领域中，在民事纠纷的范围内，不是大的问题就不宣扬、不举证、不告发、不去伤害亲情，这反而更符合族群、人类的长久利益；但在大的问题上，如事关国家安全的问题上，儒家又主张“大义灭亲”。当然，儒家从来不主张把大义灭亲作为法律的基础。“大义灭亲”是在面对国家安全问题，对公共领域里的公职人员提出的道德要求。“亲亲相隐”则是法律的依据。

《左传》有一条材料，孔子赞扬叔向这个人，说他是古代正直的遗臣。晋国曾经发生过这样一件事：“晋邢侯与雍子争鄐田，久而无成，罪在雍子。雍子纳其女于叔鱼，叔鱼蔽罪邢侯。邢侯怒，杀叔鱼与雍子于朝。宣子问其罪于叔向。叔向曰：‘三人同罪……’”因此孔子赞扬他“治国制刑，不隐于亲”。所以，孔子在面对不同问题的时候有不同的答案。我们要全面地去理解孔子，不是他不尊重法律。

还有一条材料是《左传·隐公四年》记载的卫国的故事。卫庄公的三儿子州吁很暴力，石碏是个重臣。他的儿子石厚，助纣为虐。庄公死，应该是由他的长子姬完来继位。结果，州吁和石厚杀死了继位的桓公，贿赂陈国、蔡国、宋国来攻郑国。石碏就设计让陈国的国君假作结盟，要州吁和石厚去谈判，利用谈判的时机把他们抓起来。本来卫人只杀了州吁，但是石碏还是派自己的家臣去把石厚杀了。《左传》以“君子曰”评价石碏是“纯臣也”，即纯正的臣子。可见儒家也是称颂“大义灭亲”的。石厚本来可以从轻发落，但石碏认为不能够徇私情，抛大义，就派人去杀死了儿子石厚。

“大义灭亲”也是中国传统文化中的宝贵精神资源。如何来分析“大义灭亲”和“亲亲相隐”呢？为什么“大义灭亲”是值得我们从道德层面提倡的？而且刚才讲到了，大义灭亲一般是在公共事务领域，是对国家公职人员的道德要求，却不是对老百姓的要求。法律对老百姓的亲情与私领域要加以保护。我们一再讲到，法律是两害相权取其轻。对亲情的保护，是对社会公序良俗、公共秩序最根本的保护。中国共产党最早的、最有权威的一位法律专家是谢觉哉，人称“谢老”。他说：“合情合理才是好法”。良法与恶法不同。当法和人的正当情感发生冲突时，法要顺应和保护人的正当的情感。一个健康的文化是不盲目地鼓励大义灭亲的。在私权和公权冲突的时候，法律应该保护的是老百姓的私权。为了国家民族的可持续发展，构建和谐社会，为了建设更加文明的社会主义文化，保护人权，特别是公民的隐默权、缄默权、容隐权、家庭权、拒证权，是非常必要的。

我们不仅在理论上来讨论，我们在现实上也做过一些努力。例如：允许亲属容隐举证，这可能会相应地增加司法成本，但是中国文化讲长治久安，我们不仅要考虑我们这一代，我们也要考虑我们子孙后代。我们建构一个合理的法律系统，维系亲情恰好是维系和谐社会的基础，所以法制部门可以调集公权力来取证，花更多的社会成本也不要去逼迫亲人供述。但是在涉及到贪赃枉法等公领域的问题时，我们虽然不是以大义灭亲作为法律的基础，但是这个界限还是要有的，因为我们的伦理系统非常丰富。退一步讲，即使是在调查、取证、审理贪官污吏的过程中，也要一依于法，坚持无罪推定、疑罪从无的原则，不要随意逼供嫌疑人及其亲人。

我们最近有一些讨论，我编了好几本书，都是对中西方法律伦理做的讨论，实际上也是一些现实问题。我提出的问题是，中国古代的书怎么读？我的一些论敌，如邓晓芒、刘清平等人，很多时候就没有将《论语》、《孟子》等经典仔细地加以解读，特别是原文及经典性的注疏都没有读懂，非常简单化平面化地把公私、情法、情理等对立起来，甚至把私德讲成私利。而我认为，我们应该以复杂的眼光来看待宗教、伦理、道德、法律的问题，不要囫囵吞枣，一下子用意识形态来将其桎梏，以为中国文化都是落后腐朽的；而事实上，儒家的礼乐文化、法律系统有终极性天神崇拜的背景，有非常丰富的治理社会的智慧。寡头的法制是不行的，它要有文化、宗教信仰等多层面的背景，结合起来才可以形成一个健康的社会。在现实层面，我们又推动了全国人大法制委员会关于《刑事诉讼法》的修订，即2013年开始实施的、对核心家庭成员的容隐、拒证权有了一定程度的保护的条文。这是一个良好的开端，当然还很不够。

今天我只是讲了很小的一个问题，其实儒家伦理非常的博大精深。孔学堂弘扬中国古代文化，古代文化讲仁义礼智信五常，又将孝悌忠信礼义廉耻视为八德，这是古代的核心价值观念。我们今天讲社会主义核心价值观，将其创造性的转化和创新性的发展，使其和我们现在的核心价值观念相互结合。我们都是历史的人，我们切不可轻薄我们的祖先。我们今天有一种现代的迷信，对未来的迷信，这种迷信是不尊重古人的。我们要尊重我们的祖先，尊重我们的文明。不是说我们古代的文化都好，也不是说让我们盲信古人，我们要创造性的转化。古人由于时代的限制，必定会有一些过时的东西，但我们不能夸大这些东西，我们经过十几年的争鸣，并不是为了争鸣而争鸣，而是为了构建更加健康的社会。

四、《中庸》及其现代意义

“中庸”的思想，起源于上古时代。《论语·尧曰》记载，尧禅位于舜，舜禅位于禹，唯一告诫的话是，一定要做到“允执其中”，允是信的意思。传位者说：如不真诚地实践中道，四海的百姓穷困，你的禄位就会永绝。使用、奉行“中”道，是圣王相授受的经国大道。《尚书》之《周书》中，有《洪范》与《吕刑》两篇，都提倡中道。《洪范》高扬“三德”，以正直为主，有刚有柔，求得刚柔相济的中正平和。《洪范》的“皇极”，即是“无偏无陂（颇），遵王之义……无偏无党，王道荡荡；无党无偏，王道平平；无反无侧，王道正直；会其有极，归其有极”的政治哲学智慧。所谓“极”，原指房屋的大梁，乃房屋中最高最正最中的重要部件，引伸为公平正直、大中至正的标准。

（一）中与庸，孔子的中庸思想

1. 中与庸

什么是“中”？什么是“庸”？什么是“中庸”？

“中”字的本义，有几种说法：象射箭中靶的形状；象立木表测日影的正昃；象旗子，氏族首领立旗于中，以聚四方之人，等等。《说文解字》：“中，内也。从口、丨，上下通。”这个“中”字，相对于“外”来说是“内”，里面；在方位上，相对于四周来说是等距离的“中心”；在程度上，是相对于上等与下等的中等；在过程中，是相对于全程来说的“一半”；而相对于“偏”来说，那就是“正”，不偏不倚。段玉裁指出，“中”是相对于“外”，相对于“偏”来说的，同时又是指“合宜”的意思。我们今天讲的“中庸”之“中”，即是指适中，正当，恰如其分、不偏不倚、无过无不及的标准。

“庸”字的本义，也是众说纷纭。有人说是大钟，通“镛”；有人说是城，通“墉”；有人说是劳义，通“佣”；有人说是功义，以钟记功，等等。“中庸”之“庸”有三个意思：第一，何晏讲是“常”，程子讲“不易之谓庸”，即恒常而不易之理，变中不改变的道理；第二，朱子讲是“平常”，即平凡、平常之德，徐复观讲是每个人所应实践、所能实现的行为；第三，《说文解字》：“庸，用也。”就是运用。郑玄讲，《中庸》这篇文章，是记中和之用的。

2. 孔子论中庸

在孔子那里，中庸既是道德修养的境界，又是一般的思维方法论。

首先，我们看修养的境界。孔子说：“中庸之为德也，其至矣乎！民鲜久矣。”（《论语·雍也》）“中庸”是道德修养的最高境界，一般人很难达到。

“子贡问：‘师与商也孰贤？’子曰：‘师也过，商也不及。’曰‘然则师愈与？’子曰：‘过犹不及。’”（《论语·先进》）师是颛孙师，即子张。商是卜商，即子夏。从性格上来说，子张处事有点过头，子夏处事有些赶不上，孔子回答子贡说，过分和赶不上同样不好。孔子称赞“中行”之士。“子曰：‘不得中行而与之，必也狂狷乎！狂者进取，狷者有所不为也。’”（《论语·子路》）狂者一意向前，是豪迈慷慨之士，心地坦然。狷者毫不苟取，不要不义之材，个性独立又有修养。孔子说，实在是找不到言行合乎中道的人交朋友，那一定要交狂狷之士做朋友呀！进取的狂者与有操守的狷者都很不错，但还不是第一等人，第一等人是综合了两者之优长的中行之士。孔子的弟子说孔子“温而厉，威而不猛，恭而安”（《论语·述而》），这是性情上的中道，也是修养的境界。

中庸之道不是不要原则，不是迎合所有的人，那是滑头主义的“乡愿”。孔子批评这种无原则的滑世主义，说：“乡愿，德之贼也。”（《论语·阳货》）有人说儒家、孔子及其道德论是“乡愿”，说中庸之道是折衷主义、苟且偷生，当然是毫无根据的说法。

其次，我们再看一般方法论。孔子的“中庸”又是普遍的方法学。

《礼记·中庸》引孔子的话说：“君子中庸，小人反中庸。君子之中庸也，君子而时中。”这里提出了“时中”的问题。孔子是“圣之时者”，最有时间意识，不舍昼夜，自强不息。“时中”的意思是随时制宜，随时符合标准。例如，一个士人为诸侯所用，绝不违背做人的原则，可以当官就当，不可以当官就不当，可以做久就做久，不可以就赶快离开。当行则行，当止则止，关键是要保持独立人格与节操。如果一定时空条件下的“礼”是标准与原则的话，“时中”的要求是指人的行为与时代的要求相符合。“立于礼”，符合礼，不是机械地拘执僵死的教条、规范。

孔子最早提出了“权”的概念。“权”是称物之锤，民间说的“称锤”、“称砣”。权然后知轻重。这里用作动词，指权衡，即在道的原则下通权达变，强调动态的平衡统一，原则性与灵活性的统一。“中庸”不是线段的中点，不是僵死的，而是动态的、有弹性的标准。

孔子有“叩其两端而竭焉”的方法（《论语·子罕》），即不断地从两个不同的方面、端点（如阴阳、强弱、大小）去叩问，去启发，去思考并解决问题。他又提倡“执其两端，用其中于民”（《中庸》），即“执两用中”，在两个极端之间找到动态统一平衡的契机，具体分析，灵活处理，辩证综合。

在文质关系上，就形式华美与内容质朴而实在的关系来说，孔子主张“质胜文则野，文胜质则史。文质彬彬，然后君子”。（《论语·雍也》）这是形式与内容之间关系的中道。在诗歌的表达上，孔子评论《关雎》是“乐而不淫，哀而不伤”。（《论语·八佾》）快乐而不过于流荡，悲哀而不过于痛苦，这是情感表达的中道。孔子赞美《韶》乐，提出了“尽善尽美”的美学原则，这是“中和”、“中庸”之道在美学和艺术上的反映。

（二）子思子与《中庸》

我们先讲子思其人，再讲《中庸》其书。

1. 子思其人

子思，姓孔名伋，孔子嫡孙，战国初年人，生卒年不详，一说生于周敬王三十七年（公元前483），卒于周威烈王二十四年（公元前402），相传他受业于曾子。

《史记·孔子世家》曰："子思作《中庸》。"《汉书·艺文志》著录"《子思》二十三篇"。班固注："名伋，孔子孙，为鲁缪公师。"缪即穆。东汉郑玄肯定《中庸》为子思所作。南朝梁沈约指出，小戴《礼记》中的"《中庸》、《表记》、《坊记》、《缁衣》，皆取《子思子》"。张岱年先生晚年认为：《中庸》大部分是子思所著，个别章节是后人附益的；《中庸》"诚"的思想应先于孟子。

1993年10月荆门郭店一号楚墓出土的竹简中有《鲁穆公问子思》、《五行》、《缁衣》等篇。以上诸篇是与子思子有密切关系的资料。据郭店楚简《鲁穆公问子思》载，穆公问子思："何如而可谓忠臣？"子思曰："恒称其君之恶者，可谓忠臣矣。"由此可见子思刚直不阿的人格！而这样一些品德、言行，我们又不难从孟子身上见到。孟子是从学于子思的门人。

2.《中庸》其书

《中庸》原是《小戴礼记》中的第三十一篇，今本《中庸》在传衍过程中被后世儒者附益、掺杂了一些当时人的言论（例如说“今天下车同轨，书同文，行同伦”，又称泰山为“华岳”等，当是秦汉时人的话），但其中主要思想观点却源于子思。汉代至南朝，不断有人研究《中庸》。唐李翱以后至北宋，诸位大家都重视《中庸》。二程夫子推尊《中庸》，认为是“孔门传授心法”，朱子亦大力表彰，作《中庸章句》，使之成为《四书》之一，风行天下，远播东亚。

《中庸》只有三千五百余字。程子认为，“其书始言一理，中散为万事，末复为一理……其味无穷，皆实学也。善读者玩索有得焉，则终身用之，有不能尽者矣”。朱子分为三十三章，大体上可分为三部分。第一部分是第一至十一章，其中第一“天命之谓性”章是全书总纲，子思述所传孔子之意而立言，以下十章是子思引孔子的话来印证总纲。第二部分是第十二“君子之道费而隐”章至第二十章，其中第十二章是子思的话，阐发“道不可离”，以下八章又是引孔子的话加以发明。第三部分是第二十一章至末尾。其中第二十一“自诚明，谓之性”章，是子思承第二十章孔子讲的天道、人道之意而立说，以下十二章乃作者反复推论天道、人道的思想。

（三）《中庸》的思想要点

我们通过细读原文来把握《中庸》的几个要点。古书要诵读，不能只是看。读书出声，抑扬顿挫，朗朗上口，读出其韵味与真意。读书百遍，其意自现。

1. 性、道、教的关系与“致中和”

《中庸》开宗名义指出：“天命之谓性，率性之谓道，修道之谓教。”这是全书的纲。意思是说，上天所赋予人的叫做“本性”；遵循着本性而行即是“正道”；使人能依其本性而行，让一切事合于正道，便叫做“教化”。《中庸》以天道为性，即万物以天道为其性。人与万物的性是天赋的，这天性之中有自然之理，即天理。该书实际上是说，天赋予人的是善良的德性。“率性之谓道”，“率”音“帅”，是循的意思，率性是循其性，而不是任性。一切人、物都是自然地循当行之法则而活动，循其性而行，便是道。一切人、物的存在与活动，都是道的显现。如就人来说，人循天命之性而行，所表现出来的便是道。如面对父母，便表现孝。人因为气质的障蔽，不能循道而行，所以须要先明道，才能行道，而使人能明道的，便是教化的作用。一般人要通过修道明善的工夫，才能使本有之性实现出来。

“喜怒哀乐之未发，谓之中；发而皆中节，谓之和。中也者，天下之大本也；和也者，天下之达道也。致中和，天地位焉，万物育焉。”“中节”的“中”念“众”，符合的意思，“节”即法度。情感未发之前，心寂然不动，没有过与不及的弊病，这种状态叫“中”。“中”是道之体，是性之德。如果情感抒发出来能合乎节度，恰到好处，无所乖戾，自然而然，这就叫做“和”。“和”是道之用，是情之德。“中”是天下事物的大本，“和”则是天下可以通行的大道，谓之“达道”。君子的省察工夫达到尽善尽美的“中和”之境界，那么天地安于其所，运行不息，万物各遂其性，生生不已。

2. 修身的五达道与三达德

《中庸》指出：“故君子不可以不修身；思修身，不可以不事亲；思事亲，不可以不知人；思知人，不可以不知天。”这是说，君子不可不讲修身，想修身，不可不侍奉双亲，要侍奉双亲，不可不懂尊贤爱人，要懂尊贤爱人，不可不懂天理。《中庸》托孔子之言，指出五伦为五达道，即人人共由之路，普遍之道；智慧、仁爱、勇敢为三达德，即实践五条大路的三种方法。“天下之达道五，所以行之者三。曰：君臣也，父子也，夫妇也，昆弟也，朋友之交也，五者天下之达道也。知（智）、仁、勇三者，天下之达德也，所以行之者一也。”通过五伦关系的实践过程来修身，即通过日常生活来修养自己。

君臣关系现在没有了，但仍有上下级关系，仍需要工作伦理。我们现在可以理解为：通过家庭与工作伦理，在处理好亲情、友情、同事、上下级关系中，走正路，不偏颇，这是修养的过程。“所以行之者一”的“一”指的是“诚”，即落在诚实、至诚上。在这一修身过程中，培养君子的三大美德：智、仁、勇。孔子说：“仁者不忧，智者不惑，勇者不惧。”《中庸》又引用孔子的话说：“好学近乎知（智），力行近乎仁，知耻近乎勇。知斯三者，则知所以修身；知所以修身，则知所以治人；知所以治人，则知所以治天下国家矣。”喜好学习，接近智德；力行实践，接近仁德；懂得羞耻，接近勇德。这里指的是大智大勇大仁。智不是耍小聪明，勇不是鲁夫莽汉，仁不是小恩小惠。根本上是要修身，此是内圣，治国平天下是外王事功。这与《大学》的主张是一致的，由内圣贯串到外王。为政者懂得修养自已，才懂得治国平天下。

3. 贯通“天道”与“人道”的“诚”及“诚”与“明”

关于天与人、天道与人道的关系，《中庸》是以“诚”为枢纽来讨论的。“诚”是《中庸》的最高范畴。“诚”的本意是真实无妄，这是上天的本然的属性，是天之所以为天的根本道理。“诚者，天之道也；诚之者，人之道也。诚者不勉而中，不思而得，从容中道，圣人也。诚之者，择善而固执之者也。”天道公而无私，所以是诚。“诚之者”，是使之诚的意思。圣人不待思勉而自然地合于中道，是从天性来的。普通人则有气质上的蔽障，不能直接顺遂地尽天命之性，所以要通过后天修养的工夫，使本具的善性呈现出来。这是经由求诚而最后达到诚的境界的过程。

求诚的工夫是："博学之，审问之，慎思之，明辨之，笃行之。"这是五种方法。广博地学习，详细地求教，谨慎地思考，缜密地辨析，切实地践行，这"五之"里面就包含有科学精神。《中庸》还强调"人一能之己百之，人十能之己千之"的学习精神。

《中庸》认为，由至诚而后明善，是圣人的自然天性；而贤人则通过学习、修养的工夫，由明德而后至诚。由诚而明，由明而诚，目的是一样的，可以互补。"自诚明谓之性，自明诚谓之教。诚则明矣，明则诚矣。唯天下至诚，为能尽其性。能尽其性，则能尽人之性。能尽人之性，则能尽物之性。能尽物之性，则可以赞天地之化育。可以赞天地之化育，则可以与天地参矣。"只有天下至诚的圣人，能够极尽天赋的本性，于是能够兴养立教，尊重他人，极尽众人的本性，进而尊重他物，极尽万物的本性，使万物各安其位，各遂其性。既如此，就可以赞助天地生养万物。这使得人可以与天地鼎足而三了。人的地位由此彰显。这也是首章"致中和，天地位焉，万物育焉"的意思。人体现了天道，即在道德实践中，见到天道性体的真实具体的意义。从上我们也不难看出《中庸》的天人合德的思想：天赋予人以善良本性，即天下贯而为人之性；人通过修养的工夫，可以上达天德之境界。由天而人，由人而天。

4. 成己与成物，极高明而道中庸

《中庸》曰："诚者自成也；而道自道也。诚者物之终始，不诚无物。是故君子诚之为贵。诚者非自成己而已也，所以成物也。成己，仁也。成物，知（智）也。性之德也，合外内之道也，故时措之宜也。"这里是讲人道。意思是说：诚是自己所以能实现、完成、成就自己，而道是人所当自行之路。诚是使物成其始终的生生之道，没有诚也就没有万物了。所以君子把诚当做最宝贵的东西。诚一旦在自己心中呈现，就会要求成就自己以外的一切人一切物。当人的本性呈现，即仁心呈现时，就从形躯、利欲、计较中超脱出来，要求向外通，推己及物，成就他人他物。仁与智，是人性本有的，扩充出来，成己成物，即是兼物我，合外内。人之本性圆满实现，无所不通，举措无有不宜。

凡俗生活中有高明的境界。《中庸》提出了"尊德性"与"道问学"的统一、平凡与伟大的统一："故君子尊德性而道问学，致广大而尽精微，极高明而道中庸，温故而知新，敦厚以崇礼。"既保护、珍视、养育、扩充固有的善性仁德，而

又重视后天的学习、修养；既有远大的目标，而又脚踏实地，不脱离凡俗的生活世界，在平凡的日常生活中，在尽伦尽职的过程中追求真善美的合一之境，实现崇高。冯友兰先生自题堂联："阐旧邦以辅新命，极高明而道中庸。"高明的境界离不开凡俗的生活，就在凡俗的生活中实现。

（四）《中庸》论官德及其现代意义

管理总是人的管理。管理中有人。在一定意义上，管理主体自身的人格修养、智慧、方法与管理工作的实效密切相关。

1. 为政在人，取人以身

"哀公问政。子曰：'文、武之政，布在方策。其人存，则其政举；其人亡，则其政息。人道敏政，地道敏树。夫政也者，蒲卢也。故为政在人，取人以身，修身以道，修道以仁。仁者人也，亲亲为大。义者宜也，尊贤为大。亲亲之杀，尊贤之等，礼所生也。'"这就是说，周文王与武王推行的政治，都在简牍中记载下来了。良好的政教、政令，全在乎有没有得力的施政的人。在现代社会，我们讲"人存政举，人亡政息"不好。今天是法治社会，要讲法律、规范的普遍性，先把规矩定好，不管什么人，按制度办事，才有好的管理。这当然是对的。

但另一方面也重要，《中庸》讲"为政在人"，即政教兴废与人有关，政治、管理在于是否得人（贤臣）。有得力的、全心全意负责的人，某种理念与政治就推行得好，好像把树种到适合这种树木生长的土壤中一样。制度是靠人，靠团队来执行并落实的。以相宜的人施政，能见成效，就如同河滩上的蒲苇能快速生长一样。国君要想处理好政务，关键在人才。而选取什么样的人才呢？“取人以身”，取人之道，在于其人之修身与否。“身”指已修之身。修身是要走人人都走的大道，修道依据于天赋予人的本性仁德。仁就是爱人，博爱众生。其中亲爱自己的父母是仁中的大事，仁是把爱亲之心推广到爱民、爱百姓。义能分别事理，各得其宜，其中尊重贤人，把贤人提拔起来为社会服务是最合宜、正当的事。“亲亲之杀”的“杀”读“晒”，是降等的意思。爱亲有主次、程度之分，尊贤有厚薄、等级之分，这些就是从礼中产生的。官员要修身明礼，成为仁义之人。

2. 德位相称，素位而行

儒家关于德与位的关系，有很多讨论。历史与现实上，有德者不一定有其位，有位者不一定有其德。儒家主张德、位、禄、名、寿、用的相称，这当然是理想。《中庸》托孔子说：“故大德必得其位，必得其禄，必得其名，必得其寿。故天之生物，必因其材而笃焉。故栽者培之，倾者覆之。”有大德的人，理论上应当有尊位、厚禄、美名，甚至高寿。上天化育万物，顺其材质而予以厚施，可以栽种的就培植，要倾倒的也只好让它倒下。管理者对各种人才、各级员工，使得人人的德、位、禄、用相匹配，使之各遂其性，各显其能，是儒家治平天下的一条重要原则。“在下位不获乎上，民不可得而治矣”。贤人得不到君上的信任，在下位的人得不到上级的支持，民众就得不到贤人的管理。这是指上面不识才，对管理工作会带来严重的损失。我们要创造条件举拔德才兼备的人才，并使之制度化。

另一方面，作为官员、管理者本人呢？“君子素其位而行，不愿乎其外。素富贵，行乎富贵；素贫贱，行乎贫贱；素夷狄，行乎夷狄；素患难，行乎患难。君子无入而不自得焉。在上位不陵下，在下位不援上，正己而不求于人，则无怨。上不怨天，下不尤人。故君子居易以俟命，小人行险以侥幸。”“素位”，素指现在，位指所居的地位。“素位而行”是安于现在的官位。君子安于现在所处的职位去做他本分的事，不要有非分之想，不希望做本分以外的事。处在富贵、贫贱、夷狄、患难的地位，就做在这个位置上应当做的事。守道安分，无论顺境逆境，无论在何处，君子都是悠然自得的。君子在上位时不作威作福，欺凌在下位的人；身处下位时也不钻营攀附在上位的人。《中庸》又讲："居上不骄，为下不倍。""倍"即背，"不倍"即不违礼背道。只求端正自己而不乞求于人，心中泰然，自然没有什么怨恨，不怨天尤人。所以君子"居易以俟命"，"易"指平地，"居易"指处于平易而无危险的境地，"俟命"即等待天命的到来。而小人却要冒险，想侥幸得到非分的利益与不应得的好处。可见君子、小人有不同的心态。做官要有基本的官德、操守，君子光风霁月，超然物外。孔子说，射箭好像君子的修道一样，箭没有射中靶心，不怨别人，只有反求诸己，反省自己的步法与手法的功夫不够。这就是君子求诸己而不责乎人。

关于"怨天尤人"，我们想到项羽。在乌江自刎前，项羽曾仰天长叹："此天亡我，非战之罪。"他的失败当然有主客观的多种原因，也有他性格中刚愎自用、优柔寡断的缺失等。关于"素位而行"及居上居下的心态，我们想到"诸葛一生唯谨慎，吕端大事不糊涂。"宋太宗想以吕端为相，人们说吕端糊涂，太宗却认为"端小事糊涂，大事不糊涂"。什么是"小事糊涂"？在不涉及原则、大是大非的问题，只涉及个人利害得失的事情上，不斤斤计较。寇准是老资格，后来吕端位列寇准之上，吕处处尊重寇，凡事谦让再三。在小事上糊涂，讲宽容、退让、不争；在刚柔、宽严、进退、得失上保持中道，才能有利于大局，以大胸襟、大气度，成就大事业！

3. 和而不流，去谗远色

孔子回答子路问“强”。孔子说：您所问的是什么强呢？是南方的强？还是北方的强？还是您自己以为的强呢？用宽容柔顺的道理教化人，不报复别人的蛮横无理的欺侮，这是南方人的强，君子安于此道。用武器甲胄当卧席，直至战死也毫无惧色，这是北方人的强，强者安于此道。“故君子和而不流，强哉矫！中立而不倚，强哉矫！国有道，不变塞焉，强哉矫！国无道，至死不变，强哉矫！”矫，音狡，强貌。君子之强是道义、义理的强。强者之强是血气之强。君子“和而不流”，与人和平相处，但有节操与原则，不曲顺流俗。守住中道而不偏倚，岂不是真正的强吗？国家政治清明时，不改变贫困时的操守，这是真强啊？国家政治黑暗的时候，至死不变平生之志，岂不可算是矫强吗？针对一般人“和而无节，则必至于流”，我们强调“和而不流”，不要跟风赶浪，随波逐流。既要善于与各色人等打交道，又要心中有一杆称，不能上当，抵住诱惑，绝不与丑类同流合污。

“君子之道，譬如行远必自迩，譬如登高必自卑。”中庸之道很平实，“造端乎夫妇”，从夫妇之道开始。无论是修养还是做事业，我们都必须由浅入深，由近而远，从低到高，从自身与家庭做起，从小事做起，循序渐进，不要操之过急。孔子讲："欲速则不达。"老子讲："千里之行，始于足下。"荀子讲："不积跬步，无以至千里；不积小流，无以成江海。"

"凡为天下国家有九经"，即孔子为哀公讲治理国政的九条大纲：修身，尊贤，亲亲，敬重大臣，体恤群臣，慈爱庶民，招徕百工，怀柔远人，安抚诸侯。其中特别讲"修身则道立，尊贤则不惑"，"齐明盛服，非礼不动，所以修身也；去谗远色，贱货而贵德，所以劝贤也"。能修好己身，便能确立大道；能尊重贤人，对事理就不致疑惑。齐通斋。这是讲斋戒明洁，整齐衣冠，庄敬自尊，不合礼节的事不敢妄动，这样用来修身。不听诬陷好人的坏话，远离女色，轻贱财货，重视道德，这样用来劝勉贤人。我认为对今天的官员来说，"去谗远色，贱货而贵德"仍然十分重要。亲贤臣远小人，色字头上一把刀，这是大家熟知的民谚。《中庸》指出：治国虽有九条大纲，但实行的方法只有一个"诚"字，诚心诚意！有关古训还有："敖（傲）不可长，欲不可从（纵），志不可满，乐不可极。""临财毋苟得，临难毋苟免。"（《礼记·曲礼上》）"儒有不宝金玉，而忠信以为宝；不祈土地，立义以为土地；不祈多积，多文以为富。"（《礼记·儒行》）

“凡事豫则立，不豫则废。言前定则不跲，事前定则不困，行前定则不疚，道前定则不穷。”跲音颊，绊倒，这里指说话不流畅。我们做任何事，一定要预做准备，有备无患。不做准备，就会失败。发言没有准备，舌头会打结。做事前有准备，就不会困顿。行为前先有筹措，就不会出问题。做人的道理，先有定则，就不会行不通。做什么事都要未雨绸缪，防患于未然。

以上我们就《中庸》中有关管理者的修养，以及修身与管理的关系，主要是官德问题，作了介绍。实际上，这些与现实生活并不脱节。

（五）“中庸”思维方法论及其当代价值

最后我们说说中庸的方法论及其意义。

1.“和”与“中”

这两个概念既有联系也有区别。“和”主要指“和谐”及“多样统一”。孔子讲“和而不同”。“和”不是“同”，也不是“不同”。史伯讲“和实生物，同则不继，以他平他谓之和”；《中庸》讲“和也者，天下之达道也”。“和”是强调保留差异，容纳相异的人才、意见，保持一种生态关系。中国哲学关于天、地、人、物、我之间的“和谐”思想、“宽容”思想，不仅为人类自然环境的生态平衡和人文环境的生态平衡提供了智慧，而且是现代社会管理和企业管理的重要思想资源。现代管理强调人与自然、人与社会、人与人、人与物、人与内在自我的协调关系，强调一种宇宙一体、普遍和谐的整体观念。孟子说：“亲亲而仁民，仁民而爱物”；张载说：“民吾同胞，物吾与也”；王阳明说：“仁者以天地万物为一体”。儒家观念中的宇宙家族思想及推己及人、仁民爱物的意识，在未来世界具有越来越重大的作用，对于事业与企业单位之间及内部人际关系的处理，乃至效益的显发有着重大的意义。

“中”是天下最重大的根本，“和”是天下通行的道路。将“中和”的原理发挥到极处，天地就清宁了，万物的生长就茂盛了。这里的“和”或“中和”，是人生实践中所能达到的最高境界，它具有通过实践追求以使现实与理想统一的意味。

“中”的意思是不偏不倚，“无过无不及”，即适度。在哲学上，这又是对立与统一、质变与量变、肯定与否定之间的“关节点”或“度”，越过这一界限，事物就会发生大的变化。

“和”的意思，如前所述，一方面是多样统一、和谐的意思；另一个意思则与“中”一样，指恰当、适度。如《论语》

中有子说的“礼之用，和为贵”，《中庸》中的“发而皆中节谓之和”。这里的“和”是调节、事之中节、恰到好处。

中国哲学家强调整体的和谐和物我的相通。他们不仅把自然看做是一和谐的体系，不仅争取社会的和谐稳定，民族、文化与宗教间的共存互尊，人际关系的和谐化与秩序化，而且追求天、地、人、物、我之关系的和谐化。儒道诸家都表达了自然与人文和合，人与天地万物和合的追求。《中庸》说：“万物并育而不相害，道并行而不相悖。小德川流，大德敦化。”《周易·系辞传》说：“天下同归而殊途，一致而百虑。”其宽容、平和、兼收并蓄、博大恢弘的品格，正是和谐或中庸辩证法的品格。

2. “执两用中”，其中有权

中国哲学讲偏反，讲对立，但只是把偏反、对立当作自然、社会与思维运动长链中的过渡环节。相比较而言，更喜欢“中和”、“中庸”及“两端归于一致”。“中和”和“中庸”不是否定矛盾、偏反、对立，而是在承认矛盾、偏反、对立的基础上不走极端，求得一种动态的平衡，保持弹性，追求一种整体的和谐，把原则性与灵活性统一起来。在今天的管理工作中，对于统一与多样、集中与分散、创新与守成、放与收、宽与猛、变与常等，都有“两端归于一致”的方法论问题。

孔子有“叩其两端”之说，意即如果有不明事理的人来问我问题，我就从首尾两端去盘问，从中发现矛盾，然后把问题综合起来予以回答。所谓“执两用中”的方法论，“执”就是把握，“两”就是统一体中矛盾着的两个方面、两种力量或方向。这种方法论主张把握事物中两方面的多重联系，运用无过无不及的中道原则行事。孟子强调“执中”，即坚持中和、中庸的原则。孟子认为，“执中”还必须与“权变”相结合：“执中无权，犹执一也。所恶知一者，为其贼道也，举一而废百也”（《孟子·尽心上》）。这里，“中”指原则性，“权”指灵活性。孟子认为，主张中道如果没有灵活性，不懂得变通的办法，便是偏执一端。为什么大家厌恶偏执一端呢？因为它损害了天地间整体和谐和人事间仁义礼乐综合的大道，只看到一个片面，而废弃了其余多个方面。孟子反对杨朱极端的利己主义，又反对墨翟的极端的利他主义，保持中道。

3.“两端一致”，保持弹性

“中庸”只是平常的道理，于平常中见“道”。“尚中”、“执中”的管理方略，对“过”与“不及”之两端持守动态统一，使各种力量与利益参和调济、相互补充，在大小、刚柔、强弱、周疏、疾徐、高下、迟速、动静、进退、隐显之际保持弹性，具有一种节奏感，实在是一门高超的管理美学。

这与现代管理学可以互动。

作为标准的“中”并不总是固定的，它不是僵死的原则。“中”不是处于与对立两端等距离的中点上，也不总是在某一点上，而是随具体情况、具体条件的变动而变动的。中国思维方法不承认对立、矛盾双方之间有一条僵硬不变、截然不可逾越的界限。“时中”指随时节制，合于中道。儒家讲“趣时”，即根据时势变化，在一定程度上打破常规，采取适宜的措施。这里的“时中”，其实也包含了“趣时更新”的一部分内容。中庸也是道德最高的标准，在道德领域中含有中正、公正、平正、中和的涵义。因为中是正道，所以不偏。

“庸”又是“常”的意思。古人说，用中为常行之道，中和为常行之德。“中庸”具有普遍的方法论的意义。这种方法论亦取之于自然。大自然的阴阳是相辅相成、动态平衡的，不偏向一个极端。中庸的方法吸纳了天地自然对立调和、互动互补的原则，并以之调和人类自身与天地、与万物的关系，达到中和的境地，使天地万物与人正常地发展。中庸之道又是人间之道，可以调节伦常关系、社群关系。

中庸思维方法论强调矛盾对立的中和，使两端都可以同时存在，都可以保持各自的特性，促进两端彼此互动、兼济、反应、转化。世界上的矛盾不一定都发展到一方消灭另一方的地步。在多数情况下，矛盾的统一取中和的状况，既有矛盾、偏反、对立、斗争，同时彼此渗透，共存共荣。这种方法论重视对立面的同一性，强调依存和联结，以及两极或多极对立间的中介关系及其作用。

经济学家向松祚在《经济学里的“中庸”——全球金融反思系列（一）》中指出：“经济学数百年的发展，一言以蔽之，只不过是《中庸》伟大哲理的小小脚注。经济增速太高不行，太低亦不行；收入分配太平均不行，太不平均亦不行；通货膨胀不行，通货收缩亦不行；完全市场化不行，完全政府化亦不行；税率太低不行，税率太高亦不行；利率太高不行，利率太低亦不行；完全封闭经济自然不行，完全开放经济亦不行；金融不发达不行，金融过度发达亦不行……举凡经济学所有命题，皆必须符合《中庸》首创的“致中和”原理。”（腾讯网2013年6月28日星期五大家栏目）

中庸之道就在我们的生活中。例如，官员对身边的工作人员也要学会保持中道，即孔子所谓“近之则不逊，远之则怨”，太亲近或太疏远都不好。就我们的身体与心理的健康来说，我们也要在有为与无为、动与静、虚与实之间保持弹性。

在思想方法上，孔子尊重客观事实，反对主观偏执。“子绝四：毋意、毋必、毋固、毋我。”（《论语·子罕》）这是为了防止私意揣测、绝对肯定、拘泥错谬、自以为是。在管理工作与公司文化中，在处理人与人、事与事的关系中，在人与自然、人与社会、人与人、人自身内在的身心关系中，在家庭内部与外部，在处理国家之间、民族之间、宗教之间、文化之间等的复杂事务中，我们如学会了中庸的方法论与境界论，就有了大智慧，就可以坦然对待。

希腊哲学、印度佛教中也有中庸或中道的观念。亚里士多德说："德性是两种恶即过度与不及的中间。"据余纪元先生研究，亚里士多德与孔子一样，肯定中庸是德性，是美德，是品质中的"内在中庸"，也包含感情与行动中的"外在中庸"，同时强调人要实践德性中庸，正确处理情感与行为（余纪元：《德性之镜》，第79—90页）。在佛祖释迦的原始佛教中，就有"不着一边"之论，主张在两端中抉择，得到中道。大乘佛教龙树菩萨著《中论》，提出"中观"，形成"中观学派"。龙树从真俗二谛出发，让人们不执着于实有、虚无两边，讲缘起性空，这与儒家的中庸有很大的区别。

五、《礼记》哲学诠释的四个向度

——以《礼运》、《王制》为中心的讨论

《礼记》（小戴记）的诠释，宜以各章、篇为单位，原因在于《礼记》成书复杂，各篇内容十分丰富，以各篇，最好以各章为单位，比较具体。当然，《礼记》毕竟是一部经典，仍然可以统合而言之。

在《礼记》四十九篇中，《王制》是第五篇，《礼运》是第九篇。关于《王制》的写作时代与作者，众说纷纭，莫衷一是。郑玄认为在战国时，孟子之后。任铭善对郑说加以论证，认为是篇出于战国末期的深受孟子影响的儒者。卢植认为《王制》是汉文帝时博士所作，孔颖达认为《王制》作于秦汉之际。任铭善驳斥卢植、孔颖达说甚为有力。[①]钱玄、杨天宇都

---

① 钱玄、钱兴奇编:《三礼辞典》，南京:江苏古籍出版社，1998 年，第 243、244 页；杨天宇:《礼记译注》，上海：上海古籍出版社，1997 年，第 191 页。本文引文与译文多处使用了杨天宇书。

支持郑玄、任铭善说。[1]王锷则认为《王制》成于战国中期，在《孟子》之前。我们取郑玄、任铭善说。

关于《礼运》的写作时代与作者，任铭善认为是子游记孔子之言，也有后人窜入的文字。[2]杨天宇认为此篇受战国末阴阳五行思想影响，可能是秦、汉时期的作品。[3]王锷认为，《礼运》全篇是孔子与子游讨论礼制的文字，主体部分是子游记录的，大概写于战国初期，在流传过程中约于战国晚期掺入了阴阳五行家言，又经后人整理而成为目前我们看到的样子。[4]我们取任铭善、王锷说。

如此看来，《礼运》、《王制》文本大体上定型于战国末期，基本上是儒家关于理想社会及圣王时代理想制度的讨论，其中有些制度对后世的制度建设发生过作用，有些理想社会的描述则启发了廖平、皮锡瑞、康有为、孙中山、毛泽东等。

十多年来我读、讲《礼记》的关切或诠释有这样几个重点：第一，《礼记》中所蕴含的终极性与宗教哲学的内容及其意义；第二，《礼记》中所蕴含的生态环保伦理的内涵与意义；第三，《礼记》中所蕴含的儒家政治社会哲学与社会治

---

① 王锷:《〈礼记〉成书考》，北京：中华书局，2007年，第184—188页。
② 任铭善:《礼记目录后案》，济南：齐鲁书社，1982年，第23—25页。
③ 杨天宇:《礼记译注》，上海：上海古籍出版社，1997年，第362页。
④ 王锷:《〈礼记〉成书考》，北京：中华书局，2007年，第241页。

理方面的内容及其意义；第四，《礼记》中所蕴含的道德哲学，即修养身心性情、培养君子人格的内涵与意义。本文拟以《礼运》、《王制》为主，兼及其他篇，略从以上四个方面诠释《礼记》的内涵与意义。

（一）“礼必本于天”的终极性

关于“礼”的社会学起源，《礼运》详述了“夫礼之初，始诸饮食”云云，指出礼起于俗，与人们的衣食住行、葬祭活动方式有密切联系。由于葬礼、祭礼的仪式与意义本身涉及养生送死，事奉天神上帝，与神灵相沟通、相往来，因此关于“礼”的起源、发展、过程的讨论，肯定要追溯到“礼”的根源与根据。关于“礼”的终极根源与根据，《礼运》则假孔子之口回答言偃之问，谓“礼，必本于天，殽（效）于地”：

> 孔子曰：“夫礼，先王以承天之道，以治人之情，故失之者死，得之者生。《诗》曰：‘相鼠有体，人而无礼。人而无礼，胡不遄死。’是故夫礼，必本于天，殽于地，列于鬼神，达于丧、祭、射、御、冠、昏、朝、聘。故圣人以礼示之，故天下国家可得而正也。”

这里指出，“礼”是前代圣王禀承天之道，用来治理人情的，以“礼”治天下、国家是十分重要的。“礼”根据于“天”，效法于“地”，具有神圣性。这里肯定“礼”的形上根据，比荀子的“礼有三本”说更加重视终极性。[①]《礼运》又指出，规范有序、庄严肃穆的祭祀，用以迎接上天之神与祖宗神灵的降临；祭礼的社会功能可以端正君臣，亲和父子兄弟的恩情，整齐上下关系，夫妇各得其所，“是谓承天之祜”，这即承受了上天的赐福。

《礼运》指出：“故先王秉蓍龟，列祭祀，瘗缯，宣祝嘏辞说，设制度，故国有礼，官有御，事有职，礼有序。”即先王持各种蓍草、龟甲，依次安排各种祭祀，埋下幣帛以赠神，宣读告神和祝福的文辞，设立制度，使国有礼制，官有统系，事有专职，礼有秩序。接着指出：

> 故先王患礼之不达于下也，故祭帝于郊，所以定天位也；祀社于国，所以列地利也；祖庙，所以本仁也；山川，所以傧鬼神也；五祀，所以本事也。故宗祝在庙，三公在朝，三老在学，王前巫而后史，卜筮瞽侑皆在左右。

① 荀子《礼论》有“礼有三本”说，把天地作为生命的本源来崇敬。但《礼记》对“礼”的超越性与终极性的重视，则超过了《荀子》。

王中心无为也，以守至正。故礼行于郊而百神受职焉，礼行于社而百货可极焉，礼行于祖庙而孝慈服焉，礼行于五祀而正法则焉。故自郊、社、祖庙、山川、五祀，义之修而礼之藏也。（《礼记·礼运》）

这是孔子讨论先王通过各种祭礼，使礼下达于民众。这里也反映了我国古代有巫觋传统，诸先王本人就是最高祭司，又兼社会事务的领袖。天子在郊外祭祀皇天上帝，以确立天的至尊地位；在国都中祭祀社神，用以歌颂大地的养育之功；祭祀祖庙，体现仁爱；祭祀山川，用以敬礼鬼神；祭祀宫室的五祀神，用以体现事功。因此设置宗人与祝官在宗庙，三公在朝廷，三老在学校，天子前有巫官后有史官，卜人、筮人、乐官等都在左右，天子居中，无为而治，持守正道。因此在郊区祭祀天帝，天上群神都随上帝享祭而各受其职；祭祀社神，大地的各物资物产可以尽其用；祭祀祖庙，父慈子孝的教化可以施行；祭祀五祀，从而整饬各种规则。所以，从郊天、祀社、祭祖、祭山川至五祀，就是修养与坚守礼义。

是故夫礼，必本于大（按即太）一，分而为天地，转而为阴阳，变而为四时，列而为鬼神。其降曰命，其官于天也。夫礼必本于天，动而之地，列而之事，变而从时，协于分艺。其居人也曰養（应为義），其行之以货、力、辞让、饮、食、冠、昏、丧、祭、射、御、朝、聘。（《礼记·礼运》）

“太一”指天地未分时混沌的元气，至大无垠。礼在总体上必以“太一”为根本。“太一”分离而为天地，转化为阴阳，变动为四时。四时更迭运转，在天地间布列了主管生成万物的种种鬼神。“太一”的气运降临到人世间就叫做“命”，“太一”对万物的主宰在于“天”。礼必根据于“天”与“天理”，运用于大地，分布于众事，并随四季而变化，配合十二月来制定事功的标准。礼在人叫做义，而礼的实行是通过财物、体力、谦让、饮食、冠礼、婚礼、丧礼、祭礼、射礼、御礼、朝觐礼、聘问礼等表现出来。

据《王制》，天子巡守时要拜五岳。巡视东方，要到泰山烧柴祭天，望祭山川。天子还要考察诸侯对山川之神是否祭祀，不祭祀就是不敬，就要削减其封地。对宗庙不顺的就是不孝，对不孝的国君要降其爵位。天子外出之前，要祭上帝、社神、祢庙。诸侯外出之前，要祭社神与祢庙。

从礼仪中抽绎出来的“礼”的新观念，淡化了宗教的意味，特别是许多道德观念，几乎都是由礼加以统摄的。徐复观先生从《左传》、《国语》中找到很多资料，特别是关于“敬”、“仁”、“忠信”、“仁义”等观念，与“礼”紧密地联系在一起。徐复观先生进而指出，春秋时代以“礼”为中心的人文精神的发展，将古代宗教人文化了，使其成为人文化的宗教。他说：“第一，春秋承厉幽时代天、帝权威坠落之余，原有宗教性的天，在人文精神激荡之下，演变而成为道德法则性的天，无复有人格神的性质。”“此时天的性格，也是礼的性格。”“第二，此时的所谓天、天命等，皆已无严格的宗教的意味，因为它没有人格神的意味。”[1]他认为，春秋时代诸神百神的出现，大大减低了宗教原有的权威性，使诸神进一步接受人文的规定，并由道德的人文精神加以统一。

我们认为，尽管如此，从以上材料看，天、天命等仍有宗教、人格神的意味。先秦儒家祭祀最重视的是祭天祭地，祭天地就是追本溯源，尊重其所自出，在这层意义上，“天地”即人的父母。“天地”有着价值本体意涵，又具有宗教性意涵。从《礼运》、《王制》等文本看，这些篇的作者仍认为“天神”是至上神，对天神的崇拜要重于对地神的崇拜，然后就是

---

① 徐复观:《中国人性论史》(先秦篇),台北:台湾商务印书馆,1987年第八版,第51、52页。

对山川诸神的崇拜。除祭祀至上神与自然神灵外，还要祭祀祖宗神灵。这里反映出人文化的“礼”仍具有的“宗教性”与“超越性”。“宗教性”与“超越性”是不同的而又有联系的两个概念。通过读《礼记》，我们从精神信仰的层面肯定儒学具有“宗教性”。“天”是人文之“礼”最终的超越的根据。

（二）“以天地为本”的生态伦理

“天地”是万物之母，一切皆由其“生生”而来。《礼记》曰：“天地和同，草木萌动”（《礼记·月令》）；“和故百物皆化”（《礼记·乐记》）。“草木”、“百物”的化生都是以“和”为条件的。“天地不合，万物不生”（《礼记·哀公问》）；“天地合而后万物兴焉”（《礼记·郊特牲》）。天地是万物化生的根源，生态系统的“生生大德”就是借“天”、“地”两种不同力量相互和合、感通而实现的。

《礼记·乐记》曰：“天地相荡，鼓之以雷霆，奋之以风雨，动之以四时，暖之以日月，而百化兴焉。如此则乐者天地之和也。”《礼记》通过对“天地”生物于四时的描述，认为“乐”是“天地之和”的体现，反而观之，“天地”通过雷霆、风雨鼓动宇宙间的阴、阳二气而四时无息地展现其“生生大德”的景象，又何尝不是宇宙间最壮丽动人的生命交响的演奏！

儒家对生态系统“生生大德”的认识，对“天”（阳）、“地”（阴）和以化生的认识，都是很深刻的。生态系统是一个不断创生的系统，也是一个各类物种和谐共生的生命共同体，这是儒家对“天地”这个大的生态居所的深切感悟，这在今天已经成为环境伦理学的普遍共识。

在“天人合一”理念下，“天”是一切价值的源头，而从“生物”而言，天、地往往须并举，且很多时候举“天”即统摄着“地”，所以，我们也可以说“天地”是生态系统中一切价值的源头。儒家有着人与万物一体同源的共同体悟。唯有如此，人才可能对万物都持有深切的仁爱、关怀，将整个天地万物都看作是与自己的生命紧紧相连的。在这种价值来源的共识之上，儒家的生态伦理可以建立范围天地万物的生态共同体，将生态系统真正视为人与万物共生、共存的生命家园。《礼运》指出：

> 故人者，其天地之德，阴阳之交，鬼神之会，五行之秀气也。故天秉阳，垂日星；地秉阴，窍于山川。……
>
> 故人者，天地之心也，五行之端也，食味，别声，被色而生者也。故圣人作则，必以天地为本，以阴阳为端，

以四时为柄，以日、星为纪，月以为量，鬼神以为徒，五行以为质，礼义以为器，人情以为田，四灵以为畜。以天地为本，故物可举也。以阴阳为端，故情可睹也。以四时为柄，故事可劝也。以日、星为纪，故事可列也。月以为量，故功有艺也。鬼神以为徒，故事有守也。五行以为质，故事可复也。礼义以为器，故事行有考也。人情以为田，故人以为奥（犹主也）也。四灵以为畜，故饮食有由也。（《礼记·礼运》）

这里肯定了宇宙生态各层次中，人处在较高的层次。人体现了天地的德性，阴阳的交感，鬼神的妙合，荟萃了五行的秀气；人是天地的心脏，五行的端绪，是能调和并品尝各种滋味，创造并辨别各种声调，制作并被服各色衣服的动物。尽管人是万物之灵，但人仍从属于生态系统之整体。因此，圣人制作典则，必以天地大系统为根本，以阴阳二气交感为起点，以四时所当行的政令为权衡，以日、星的运行来纪时，以十二个月来计量事功，以鬼神为依傍，以五行的节律为本位，以礼义为器具，以人情为田地，以四灵为家畜。

因此，人在天地之中一定要尊重山川、动物、植物等。这种尊重与敬畏，通过祭祀山林川泽加以表达：

天子祭天地，诸侯祭社稷，大夫祭五祀。天子祭天下名山大川，五岳视三公，四渎视诸侯。诸侯祭名山大川之在其地者。天子、诸侯祭因国之在其地而无主后者。（《礼记·王制》）

《礼记》强调礼是符合时令，配合地的物产的。人取用动植物，依据于不同季节有不同的生物，不同的地理环境有不同的物产。

礼也者，合于天时，设于地财，顺于鬼神，合于人心，理万物者也。是故天时有生也，地理有宜也，人官有能也，物曲有利也。故天不生，地不养，君子不以为礼，鬼神弗飨也。居山以鱼鳖为礼，居泽以鹿豕为礼，君子谓之不知礼。故必举其定国之数，以为礼之大经。礼之大伦，以地广狭；礼之薄厚，与年之上下。是故年虽大杀，众不匡惧，则上之制礼也节矣。（《礼记·礼器》）

可见制礼与行礼的原则是不违背自然的原则，故一定时空条件下不适于生长的物产，君子不用来行礼，鬼神也不会享用。以本地希罕的动物作为礼品，这种人是不懂礼的。行礼须以本国本地的物产，根据土地的大小、年成的好坏，量力而行。

《礼记·月令》载“（仲春之月）安萌芽，养幼少”；“毋竭川泽，毋漉陂池，毋焚山林”；“（孟夏之月）继长增高，毋有坏堕，毋起土功，毋发大众，毋伐大树”。人们取用动植物，必须考量时间，不可以在生长期、繁衍期滥砍滥杀，不砍伐小树，不射杀幼鸟兽与怀孕的兽，否则就是不孝。

> 曾子曰：“树木以时伐焉，禽兽以时杀焉。夫子曰：‘断一树，杀一兽，不以其时，非孝也。’”（《礼记·祭义》）
>
> 孟春之月……命祀山林川泽，牺牲毋用牝。禁止伐木。毋覆巢，毋杀孩虫、胎、夭、飞鸟、毋麛，毋卵。（《礼记·月令》）

《王制》论述天子、诸侯田猎的礼，绝不能斩尽杀绝，竭泽而渔，如“田不以礼曰暴天物。天子不合围，诸侯不掩群”，“草木零落，然后入山林。昆虫未蛰，不以火田。不麛，不卵，不杀胎，不殀夭，不覆巢”。

《礼记·郊特牲》：“故天子牲孕弗食也，祭帝弗用也。”怀胎的牲畜，即便是天子也不得食用，郊祭的时候也不用，这都是对“天地”生养万物的礼敬。

《王制》又说：“林麓川泽以时入而不禁。”此与《孟子》“泽梁无禁也”相类。“不禁”是不禁止老百姓进入林麓川泽取用动植物，但要注意时令。这里当然考虑到人取用的可持续性，但仍不止于此意。《礼记》诸篇都隐含着礼制秩序与自然节律的一致性，《礼记·月令》将春夏秋冬四季又各自分别出孟、仲、季三个时段，按不同季节时段详细规定了有关祭祀活动、农业生产、资源取用、政令发布的内容，这些都需要有相关的具体部门去执行完成。

从这里我们可知儒家以礼法保护生态资源有三个重要的内容：（1）禁止灭绝性砍伐、捕猎；（2）保护幼小生命；（3）重“时”。禁止灭绝性砍伐、捕猎很好理解，因为这种行为与“天地”的“生生大德”背道而驰。保护幼小生命则与儒家重“养”的思想有关，“天地”生万物则必又养育之，此乃天道之自然，“天地养万物”（《易传·彖》）。

《礼记·乐记》：“是故先王之制礼乐也，非以极口腹耳目之欲也，将以教民平好恶而反人道之正也。”饮食等礼节的制定不是为了满足人的欲望，而是为了让人返归“人道之正”。儒家有关生态保护的礼乐观念既是遵从天地的生养之道，也出于对人性物欲进行节制的目的。

儒家以“天地”为人与万物之祖，对“天地”的尊崇有着强烈的宗教性情怀，这是对它生养万物的敬畏、礼拜。先秦儒家一向认为生态资源是天地所赐，他们对此充满了虔敬的感情，《礼记·曲礼》：“岁凶，年谷不登，君膳不祭肺，马不食谷，驰道不除，祭事不县。大夫不食粱，士饮酒不乐。”年岁不好的时候，儒家对饮食就特别要求节制，以体恤“天地”生养万物之不易。

儒家是人类中心主义者吗？由上可知显然不是。儒家是主张生态系统存在客观内在价值的，人有人性，物有物性，甚至人性中有神性，物性中也有神性。儒家对生态系统的价值判断基于“天地”对万物赋形命性的认识，万物在被缔造的“生生”过程中，都被赋予了“形”与“性”，这种赋予是普遍的、无遗漏的，差异只是阴阳创化的不同，然而无物不出于创化。从“天地”创生的赋形命性的普遍性去作价值的判断，价值自然不仅仅限于有机的生命体，万物和人一样具有客观的内在价值，因此，在儒家那里，“天地”的这种创生是具有价值本体论的意义的。事实上，先秦儒家对万物都是关爱的，而且是从其所具的内在价值去确定这种爱的，因为万物的内在价值都是“天地”所赋予的，与人的内在价值本同出一源。当然，万物的内在价值是有差异的。

古代中国的生态环保意识是被逼出来的。中国是自然灾害多发、频发的国家，据邓云特（拓）《中国救荒史》、竺可桢《历史上气候之变迁》等书，古代中国的自然灾害，如水、旱、蝗、雹、风、疫、霜、雪、地震等从未间断过，平均每半年即罹灾一次，其中水、旱灾平均每两年一次。古中国的灾荒状况不断，政府与社会不能不以应对灾荒作为主要职能之一，由此也积累了赈灾的方略，如赈济、调粟、养恤、除害、节约、蠲缓、巫术仪式等。

《礼记》中有很多灾害、疗救记忆的信息。据唐启翠研究，《礼记》中有关记载的文字段落，大旱及祈雨的记载凡十处，蝗疫之患一处，风雨水患两处，雪霜冰雹一处，日食一处。①

我们看几则材料：“岁旱，穆公召县子而问然，曰：‘天久不雨，吾欲暴尪而奚若？’曰：‘天久不雨，而暴人之疾子，虐，毋乃不可与？’‘然则吾欲暴巫而奚若？’曰：‘天

① 唐启翠：《礼制文明与神话编码：〈礼记〉的文化阐释》，广州：南方日报出版，2010 年，第 271—273 页。

则不雨，而望之愚妇人，于以求之，毋乃已疏乎？’”（《礼记·檀弓下》）鲁国遇大旱，穆公举行了一些禳灾仪式，试图祛旱祈雨，但没有应验，于是他想要暴晒尫者与巫者，让上天怜悯他们而降雨，就此请教县子。尫者是脊柱弯曲、面部向天的残疾人，巫是沟通人神的女性神职人员。儒者县子批评穆公，阻止了暴晒残疾人与女巫的非人道行为，但赞同了穆公为了求雨而罢市的设想。因祈雨不灵，鲁穆公拟处罚巫师，在西方人类学史上也有相似的例子。人间遇到自然灾害，巫师、祭司以巫术干预后仍不起作用，他们要承担责任，受到处罚。[①]

《月令》的“月”是天文、天时，其“令”是政令、政事。先秦时人认为王者必须承“天”以治“人”，所以设计一套依“天文”而施行“政事”的纲领，其实是一种“王制”。“古代的天文知识曾被应用于阴阳五行说，故此月令亦可视为依据阴阳五行说而设计的王制，不过重点是放在天子身上。施行这种王制的天子，必居于明堂以施政，故此月令，又可称为‘明堂月令’或‘王居明堂礼’。”[②]儒家坚持从礼的层面认识生态保护问题有重要的意义，他们的很多主张在后世

---

① 详见杨雅丽：《〈礼记〉语言学与文化学阐释》，北京：人民出版社2011年版，第13、14页。

② 王梦鸥注译：《礼记今注今译》修订版，台北：台湾商务印书馆1984年版，上册，第255页。

被纳入到律法中，对生态资源的保护起到了切实的作用，如云梦秦简《田律》、汉代悬泉置壁书《使者和中所督察诏书四时月令五十条》中都有保护生态的律法条款，与《礼记·月令》主张非常接近。

《王制》有关节约粮食、储备粮食以防灾的“耕三余一”政策，是基于历史经常的一种荒政，防患于未然：

> 祭，丰年不奢，凶年不俭。国无九年之蓄曰“不足”，无六年之蓄曰“急”；无三年之蓄，曰“国非其国”也。三年耕，必有一年之食；九年耕，必有三年之食。以三十年之通，虽有凶旱水溢，民无菜色，然后天子食，日举以乐。（《礼记·王制》）

必须预防灾荒，使国家有足够的粮食储备。没有九年的储备叫“不足”，没有六年的储备叫“急”，没有三年的储备叫国不成其为国。三年的耕种，定要余存一年的粮食；九年的耕种，定要余存三年的粮食。以三十年来看，即使有大旱灾大水灾，老百姓也不会挨饿。这样天子才能安心用膳，日日听音乐。

先秦儒家以礼乐理顺生态资源，主要有三条原则：（1）

人要生存不得不对生态资源有所取用，但应当顺应生态系统的生养之道，做到有理（“顺于鬼神，合于人心”）、有节（“合于天时，设于地财”），人类不能为了一己之私去日益竭尽天地之材。（2）《礼记·乐记》：“是故大人举礼乐，则天地将为昭焉。天地欣合，阴阳相得，煦妪覆育万物……”以礼乐精神关照生态问题，就意味着对天地之道的清醒认识（“天地将为昭焉”）。“天地”默然运作而万物化成，因此，对于生态系统的保护，人类最有效的策略是尽可能少的去干预其完善自足的生养之道，只要人不去破坏生态环境，“天地”自然会让万物生化不已，充满生机。（3）《礼记·乐记》：“揖让而治天下者，礼乐之谓也。暴民不作，诸侯宾服，兵革不试，……大乐与天地同和，大礼与天地同节。和故百物不失……”生态问题的彻底解决（“百物不失”）并不只是一个生态问题，它在根本上也是一个政治问题，它需要人类的共同协作与努力，人类如果自身不能和睦共处，导致战争四起、社会动荡，那么讲生态保护只能是一种奢望。

《礼记》对生态系统的认识是在容纳天、地、人、神诸多要素的“天地”概念下展开的，这是一种整体论、系统论的观念，以“和”为条件的不断创生是他们对这个生态系统的根本认识。他们对“天地”的创生现象持有价值判断的观念，肯定天地万物皆有内在价值，要求一种普遍的生态的道德关怀，而他们对人性、物性的辨证认识又同时清楚地表明了一种生态伦理的等差意识，或曰不同伦理圈层的区分意识。儒家在从工具价值的立场取用生态资源的同时，并不忽视动植物等的内在价值。从儒家“天人合一”的理念看，生态伦理作为一种新的伦理范式其确立的基础必须建立于对人性的重新反思之上。[1]

（三）鳏寡孤独“皆有所养”的政治哲学

从《王制》、《礼运》等篇来看，作者关于财产、权力的分配与再分配的制度诉求，仍然主张西周的封建制，即王静安先生总结的封邦建国制、宗庙祭祀制、嫡长子继承制、同姓不婚制等。礼制所维护的当然是统治阶级的财产与权力的继承秩序。尽管如此，对于下士及庶民，对社会的最不利者在经济福利与政治权利等方面的诉求，《礼记》作者亦有一定的呼应，其制度设计仍然反映了一定的公正性。

这里首先是对后世的土地制度极有影响力的“一夫授田百亩”的制度设计。“制农田百亩”，制度规定一个农夫受田百

① 崔涛、郭齐勇:《先秦儒家生态伦理思想探讨》，邓正来主编:《中国社会科学辑刊》2010 年 6 月夏季卷，上海：复旦大学出版社，2010 年 7 月。

亩。百亩土地按肥瘠分类，上等土地一个农夫可供养九人，次一等的可供养八人，依次递减为七人、六人、五人。庶人在官府任职者的俸禄，依这五等农夫的收入区分等差。诸侯的下士的俸禄比照上等土地的农夫，使他们的俸禄足以代替他们亲自耕种所得。中士的俸禄比下士多一倍，上士的俸禄比中士多一倍，卿的俸禄是大夫的四倍，君的俸禄是卿的十倍。俸禄显然是有差等的，但农夫有农田是最基本的生活保障。

《礼记》中有对社会弱者予以关爱与扶助的制度设计。关于养老制度，《王制》曰：

> 凡养老，有虞氏以燕礼，夏后氏以飨礼，殷人以食礼，周人修而兼用之。五十养于乡，六十养于国，七十养于学，达于诸侯。
>
> 有虞氏养国老于上庠，养庶老于下庠；夏后氏养国老于东序，养庶老于西序；殷人养国老于右学，养庶老于左学；周人养国老于东胶，养庶老于虞庠，虞庠在国之西郊。（《礼记·王制》）

上古虞夏殷周都有养老之礼，《王制》作者肯定综合前代的周制，强调实行养老礼的礼仪制度，也有专家说是对大夫及士庶人为官的退休者实行分级养老制。关于五十岁以上老人（包括平民）享受的优待，《王制》曰：

> 五十异粻，六十宿肉，七十贰膳，八十常珍，九十饮食不离寝，膳饮从于游可也。……五十始衰，六十非肉不饱，七十非帛不暖，八十非人不暖，九十虽得人不暖。五十杖于家，六十杖于乡，七十杖于国，八十杖于朝。……五十不从力政，六十不与服戎，七十不与宾客之事，八十齐衰之事弗及也。（《礼记·王制》）

这里的“不暖”、“不饱”句显然来源于《孟子》。《王制》又说，三代君王举行养老礼后，都要按户校核居民的年龄。年八十的人可以有一个儿子不服徭役；年九十的人全家都可以不服徭役；残疾、有病、生活不能自理的人，家中可有一人不服徭役；为父母服丧者，三年不服徭役；从大夫采地迁徙到诸侯采地的人，三个月不服徭役；从别的诸侯国迁徙来的人，一年不服徭役。

关于对待鳏寡孤独与残疾人等社会弱者，孟子曰：“老而无妻曰鳏，老而无夫曰寡，老而无子曰独，幼而无父曰孤。此四者，天下之穷民而无告者。文王发政施仁，必先斯四

者”；“居者有积仓，行者有裹（囊）粮”；“内无怨女，外无旷夫。”（《孟子·梁惠王下》）

《王制》几乎重复孟子之说，指出：

> 少而无父者谓之孤，老而无子者谓之独，老而无妻者谓之矜，老而无夫者谓之寡。此四者，天民之穷而无告者也，皆有常饩。（《礼记·王制》）

“常饩”，即经常性的粮食救济或生活补贴。又说：“喑、聋、跛、躃、断者、侏儒，百工各以其器食之。”对于聋、哑及肢体有残疾、障碍的人则有供养制度，即由国家养活。国家则以工匠的收入来供养他们。又曰：“庶人耆老不徒食。”即老百姓中的老人不能只有饭而无菜肴。又曰：“养耆老以致孝，恤孤独以逮不足。”即通过教化，形成风气，引导人民孝敬长上，帮助贫困者。

关于安居，《王制》曰：“司空执度度地居民。山川沮泽，时四时，量地远近，兴事任力。凡使民，任老者之事，食壮者之食。”司空负责丈量土地使民居住。如果是山川沼泽地，要观察气候的寒暖燥湿，并测量土地的远近，来确定居邑与水井的位置，然后兴建工程。凡使用民力，让他的承担老年人能干的活，而供给壮年人的粮食。关于民居，不同地区的人及少数民族都有不同的风俗习惯，可以因其俗而教，但不要改变。“凡居民，量地以制邑，度地以居民。地、邑、居民，必参相得也。无旷土，无游民，食节事时，民咸安其居，乐事劝功，尊君亲上，然后兴学。”这里说的是安置人民的居处，要根据地理条件、居邑建制、居民多少来调节，使之相称。没有旷废的土地，没有无业游民，节制饮食，遵守农时，可以使民众安居乐业。

关于土地、赋税与商业政策，《王制》说：

> 古者公田藉而不税，市廛而不税，关讥而不征，林麓川泽以时入而不禁，夫圭田无征，用民之力岁不过三日，田里不粥，墓地不请。（《礼记·王制》）

古时借助民力耕种公田而不征收民的田税；贸易场所只征收店铺税而不征收货物税；关卡只稽查而不征税；开放山林河湖，百姓可按时令去樵采渔猎；耕种祭田不征税；征用民力一年不超过三天；田地和居邑不得出卖；墓地不得要求墓葬区以外的地方。在《孟子》、《荀子》中都有类似材料。

涉及政治参与权、受教育权的有关选拔人才的制度，亦是中华文化优秀传统的一部分。《王制》对庶民中的人才的选拔、任用并授以爵禄予以肯定，并规定了步骤：

> 凡官民材，必先论之，论辨，然后使之。任事，然后爵之；位定，然后禄之。
>
> 命乡论秀士，升之司徒，曰选士。司徒论选士之秀者而升之学，曰俊士。升于司徒者，不征于乡；升于学者，不征于司徒，曰造士。乐正崇四术，立四教，顺先王《诗》、《书》、《礼》、《乐》以造士。春秋教以《礼》、《乐》，冬夏教以《诗》、《书》。王大子、王子、群后之大子、卿大夫、元士之嫡子、国子之俊选，皆造焉。凡入学以齿。将出学，小胥、大胥、小乐正简不帅教者，以告于大乐正，大乐正以告于王。王命三公、九卿、大夫、元士皆入学；不变，王亲视学；不变，王三日不举，屏之远方……大乐正论造士之秀者，以告于王，而升诸司马，曰进士。（《礼记·王制》）

这里讲的是选士制度。各乡考察优秀人才，上报司徒，叫选士。司徒再考察选士中的优秀者，升于太学，叫俊士。选士、俊士均不服徭役，叫造士。乐正以《诗》、《书》、《礼》、《乐》

四种学术来培养人才。王太子、王子、诸侯的太子、卿大大和元士的嫡子，及俊士、选士，都要学习这四种课程。入学后按年龄安排课程。将毕业时，小胥、大胥、小乐正检举不遵循教育的子弟，上报大乐正，大乐正上报给王。王命三公、九卿、大夫、元士到学校去帮助教育这些子弟。如果不改变，王亲往学校视察，或三天用膳不奏乐，或把不遵循教育者摒弃到远方。大乐正考察造士中的优秀者，报告给王，把他们提拔到司马属下，叫进士。

《王制》又说："司马辨论官才，论进士之贤者，以告于王而定其论。论定然后官之，任官然后爵之，位定然后禄之。大夫废其事，终身不仕，死以士礼葬之。有发，则命大司徒教士以车甲。"司马辨别、考察、任用人才，考察进士中的优秀者，报告给王，由王下定论。然后委任官职，出任官职后授予爵位，爵位定后发给俸禄。大夫放弃职责的，终身不能再做官，死后以士礼埋葬。有战事，则命大司徒对士训练车甲之事。

关于各行各业技艺者的考察与任用，《王制》说："凡执技、论力：适四方，蠃股肱，决射御。凡执技以事上者，祝、史、射、御、医、卜及百工。凡执技以事上者，不贰事，不移官，出乡不与士齿；仕于家者，出乡不与士齿。"考察力士、技艺者，并派他们到各地去。对于为王服务的技艺者，祝、史、卜、医生、弓箭手、驾车人及各种工匠，不可从事专业之外的事业，也不任官职，在乡在大夫家可按年龄与士排列位次，出了乡则不可。

关于社会治理，《礼记·乐记》提出德教为主的礼乐刑政四者相互补充的方略：

> 是故先王之制礼乐，人为之节。衰麻哭泣，所以节丧纪也。钟鼓干戚，所以和安乐也。昏姻冠笄，所以别男女也。射乡食飨，所以正交接也。礼节民心，乐和民声，政以行之，刑以防之，礼乐刑政四达而不悖，则王道备矣！（《礼记·乐记》）

古代礼乐刑政的配制，礼乐是文化，有价值。“礼”是带有宗教性、道德性的生活规范。在“礼”这种伦理秩序中，亦包含了一定的人道精神、道德价值。“礼”的目的是使贵者受敬，老者受孝，长者受悌，幼者得到慈爱，贱者得到恩惠。在贵贱有等的礼制秩序中，含有敬、孝、悌、慈、惠诸德，以及弱者、弱小势力的保护问题。

> 太上贵德，其次务施报。礼尚往来：往而不来，非礼也；来而不往，亦非礼也。人有礼则安，无礼则危，故曰‘礼者，不可不学也’。夫礼者，自卑而尊人，虽负贩者，必有尊也，而况富贵乎？富贵而知好礼，则不骄不淫；贫贱而知好礼，则志不慑。（《礼记·曲礼上》）

这一交往原理包含如下内容：以德为贵，自谦并尊重别人，讲究施惠与报答，礼尚往来。无论富贵或贫贱，都互相尊重，互利互惠。这里提到对负贩、贫贱等弱者的尊重和对等的施报关系。过去我们对“礼不下庶人”的理解有误，据清代人孙希旦的注释，“礼不下庶人”说的是不为庶人制礼，而不是说对庶人不以礼或庶人无礼制可行。古时制礼，自士以上，如冠礼、婚礼、相见礼等都是士礼，庶人则参照士礼而行，婚丧葬祭的标准可以降低，在节文与仪物诸方面量力而行。

在社会治理上，儒家重视道德教化，同时重视法治。《王制》中也有刑罚制度的记录与设计。我这里只指出一点，即在审案、判案、处罚过程中如何审慎、认真，避免冤案，严格程序及对私人领域的保护问题。

关于司寇听讼治狱的法规与审理案件的程序，《王制》曰：

司寇正刑明辟，以听狱讼。必三刺，有旨无简不听，附从轻，赦从重。凡制五刑，必即天论，邮罚丽于事。凡听五刑之讼，必原父子之亲，立君臣之义以权之；意论轻重之序，慎测浅深之量以别之；悉其聪明，致其忠爱，以尽之。疑狱，泛与众共之；众疑，赦之。必察小大之比以成之。成狱辞，史以狱成告于正；正听之，正以狱成告于大司寇；大司寇听之棘木之下，大司寇以狱之成告于王；王命三公参听之，三公以狱之成告于王；王三宥，然后制刑。凡作刑罚，轻无赦。刑者，侀也。侀者，成也，一成而不可变，故君子尽心焉。（《礼记·王制》）

这是说，司寇负责审查刑律，明辨罪法，以审理诉讼。审案时一定不能草率，要再三探讯案情。对于有作案动机而无犯罪事实的不予受理，对于从犯从轻量刑，对于曾宽赦而重犯的人则从重处理，定罪施罚一定要符合事实。审判案件中，要从体谅父子的亲情，确立君臣关系的大义的角度来权衡，要考虑犯罪情节的轻重程度，审慎分析，区别对待，要充分发挥聪明才智，奉献忠良爱民之心，来彻查案情。有疑问的案件，要广泛地同大家商量、讨论；众人疑不能决的，则赦免嫌疑人。审判案件要参考同类大小案件的已有案例来定案。经过审理核定嫌犯的供辞后，史把审案结果报告给正；正又审理一番，再把结果报告大司寇；大司寇在外朝棘树下再审理一番，然后把结论报告给王；王命三公参与审理，三公再把审案结果报告给王；王又对罪犯多次提出宽宥的理由，然后才判定罪刑。凡制定刑罚，人易犯的轻法不作赦免的规定。刑是成型的意思，人体一旦受刑成型就不可改变了，因此君子审理案件不能不十分尽心。

关于夷夏关系，《王制》指出：

> 凡居民材，必因天地寒煖燥濕，广谷大川异制。民生其间者异俗：刚、柔、轻、重、迟、速异齐，五味异和，器械异制，衣服异宜。修其教不易其俗，齐其政不异其宜。中国、戎夷五方之民，皆有性也，不可推移。东方曰夷，被髮文身，有不火食者矣；南方曰蛮，雕题交趾，有不火食者矣；西方曰戎，被髮衣皮，有不粒食者矣；北方曰狄，衣羽毛穴居，有不粒食者矣。中国、夷、蛮、戎、狄，皆有安居，和味，宜服，利用，备器。五方之民，言语不通，嗜欲不同，达其志，通其欲，东方曰寄，南方曰象，西方曰狄鞮，北方曰译。（《礼记·王制》）

《王制》作者的这些看法，表明多元一体的中国形成过程之中，多民族融合是一个主潮，儒家主张尊重不同地理环境下生长的不同性状的族群的生活习惯与民族性格。“修其教不易其俗，齐其政不异其宜”的方针在今天仍有现代意义。

《礼记·王制》中有关理念与制度安排中，体现了中国先民的原始人道主义，体现了中华民族以“仁爱”为核心的价值系统与人文精神。其中，有不少制度文明的成果值得我们重视。如有关应对灾荒、瘟疫，予以组织化救助的制度，有关对老弱病残、鳏寡孤独、贫困者等社会弱者的尊重与优待的制度，都是极有人性化的制度，且后世在理论与实践上都有发展，这都有类似今天的福利国家与福利社会的因素。有关颁职事及居处、土地、赋税、商业的制度与政策中对老百姓权利与福祉的一定程度的关注与保证，有关小民的受教育权与参与政治权的基本保障，有关对百姓施以道德与技能教育的制度，有关刑律制定与审判案件的慎重、程序化与私人领域的保护方面等，也都涉及今天所谓社会公平公正的问题。只要我们用历史主义的观点去省视，同样是在等级制度中，以我国先秦与同时代的古希腊、古印度、古埃及的政治文明相比照，则不难看出中国政治哲学理念与制度中的可贵之处，这些资源至今还有进一步作创造性转化的价值与意义，希望国人不要过于轻视了。

《礼运》作者认为，政治权利之根源在天、天命，即“政必本于天”。

> 故政者，君之所以藏身也。是故夫政必本于天，殽以降命。命降于社之谓殽地，降于祖庙之谓仁义，降于山川之谓兴作，降于五祀之谓制度：此圣人所以藏身之固也。（《礼记·礼运》）

这里讲国政本于天理，要效法天理来下达政令。政令要符合地德，也要符合人的道德。

《礼运》开篇有关“大同之世”的社会理想是中国人的理想。“大同”之世与“小康”之世不同，这一理想包含着最高的政治正义的追求：

> 大道之行也，天下为公，选贤与能，讲信修睦。故人不独亲其亲，不独子其子，使老有所终，壮有所用，幼有所长，矜寡孤独废疾者，皆有所养；男有分，女有归；货恶其弃于地也，不必藏于己；力恶其不出于身也，不必为己。是故谋闭而不兴，盗窃乱贼而不作，故户外而不闭，

是谓大同。(《礼记·礼运》)

这是儒家所设想的远古时期“天下为公”的“大同”之世，也可以说是古代中国人的梦想：天下为人民所公有，选举贤能的人来治理社会，人与人之间讲求信用，和睦相处。人们不只爱自己的双亲，不只抚养自己的子女，而使所有老年人都得到赡养，壮年人有工作做，幼儿能得到抚育，年老丧夫或丧妻而孤独无靠的人及残疾人都能得到照顾与优待；男人都有自己的职分，女子都能适时婚嫁；爱惜财物、民力，但绝不据为己有。因此，阴谋诡计不能得逞，盗窃和乱臣不会产生，外出不用关门，这就是大同社会。这就是“天下一家、中国一人”的社会理想。

儒家主张满足人民的基本公正合理的要求，强调民生，制民恒产，主张惠民、富民、教民，缩小贫富差距，对社会弱者、老弱病残、鳏寡孤独和灾民予以保护。其推行的文官制度、教育制度，为平民、为农家子弟提供了受教育及参与政治的机会。其天下大同、天下为公的社会理想与社会正义观、公私义利观是历代儒生的期盼，也是他们批判现实的武器。这一思想的前提是：一、人民是政治的主体；二、人君之居位，必须得到人民之同意；三、保民、养民是人君的最大职务。这即是“王道”、“仁政”。

（四）“礼义，人之大端”的人格修养论

《礼记》中有关人的教养与人格成长，特别是君子人格的养成智慧，体现了儒教文明的特色。儒家教育是多样、全面的，其内核是成德之教；其目的是培养君子，成圣成贤；其方法是用礼乐六艺浸润身心，以自我教育与调节性情心理为主；其功能在于改善政治与风俗；其特点是不脱离平凡生活，知行合一、内外合一的体验。在当代建设现代公民社会，培养平民化的自由人格的过程中，尤其需要调动儒家修养身心与涵养性情的文化资源。忠信是礼的基本精神，义理则是规矩仪式。

先王之立礼也，有本有文。忠信，礼之本也；义理，礼之文也。无本不立，无文不行。（《礼记·礼器》）

故礼义也者，人之大端也，所以讲信修睦，而固人之肌肤之会，筋骸之束也；所以养生送死，事鬼神之大端也；所以达天道、顺人情之大窦也。故唯圣人为知礼之不可以已也。故坏国、丧家、亡人，必先去其礼。（《礼记·礼运》）

《礼运》强调礼对于人的人格成长与治理国政的重要性。礼的功用首在治理人情。“故圣人修义之柄、礼之序，以治人情。故人情者，圣王之田也，修礼以耕之，陈义以种之，讲学以耨之，本仁以聚之，播乐以安之。”（《礼记·礼运》）这里强调礼为义之实，义为仁之节，仁是义之本，肯定“治国不以礼，犹无耜而耕也；为礼不本于义，犹耕而弗种也；为义而不讲之以学，犹种而弗耨也；讲之于学而不合之以仁，犹耨而弗获也；合之以仁而不安之以乐，犹获而弗食也；安之以乐而不达于顺，犹食而弗肥也”。（同上）

《礼运》对于人的界定，如前所述，是把人放在天地之中的。尽管人是天地之最秀者，但人是具有终极信仰的人，人是在自然生态序列中的人。同时，人又是治理的主要对象（即“人情以为田，故人以为奥也”）。这里对人的界定，是以礼义、仁德为中心的，而人应当是道德的人。这里也强调了治国之本，正是礼，而礼的规范中，重要的是道德仁义的精神。《王制》亦强调道德教化，指出司徒之官的使命是节民性与兴民德，推行六礼、七教、八政。

《王制》重视教化，强调“节民性”与“兴民德”，肯定人文教化，发挥退休官员、乡下贤达的作用，运用乡射礼、乡饮酒礼等，通过习礼对民众、青年进行持续不断的教化。

司徒修六礼以节民性，明七教以兴民德，齐八政以防淫，一道德以同俗，养耆老以致孝，恤孤独以逮不足，上贤以崇德，简不肖以绌恶。（《礼记·王制》）

司徒修习六礼（冠、婚、丧、祭、乡和相见礼），来节制民众的性情；讲明七教（父子、兄弟、夫妇、君臣、长幼、朋友、宾客等伦理）来提高人民的德行；整顿八政（饮食、衣服、技艺、器物品类、长度单位、容量单位、计数方法、物品规格等制度和规定）来防止淫邪、规范道德来统一社会风俗；赡养老人来诱导人民孝敬长上；抚恤孤独的人来诱导人们帮助贫乏的人；尊重贤能的人以崇尚道德，检举、摒除邪恶，实在是屡教不改的人，再摒弃到远方。由此可见，王制就是道德之治。

“礼”与“乐”有不同的侧重，“礼”主别异，“乐”主合同，“礼”主治身，“乐”主治心，礼自外作，乐由中出，两者相互为用。“乐者为同，礼者为异。同则相亲，异则相敬。乐胜则流，礼胜则离。合情饰貌者，礼乐之事也。礼义立，则贵贱等矣。乐文同，则上下和矣。好恶著，则贤不肖别矣。刑禁暴，爵举贤，则政均矣。仁以爱之，义以正之。如此，则民治行矣。”（《礼记·乐记》）“乐所以修内也，礼所以修外也。礼乐交错于中，发形于外，是故其成也怿，恭敬而温文。”（《礼记·文王世子》）“礼乐”的目的是使“四海之内合敬同爱矣”（《礼记·乐记》）。

在人与自然、人与社会、人与人的交往关系，以及人自身的身心关系方面，儒家有极其重要的资源，尤其是“推己及人”、“将心比心”的“恕道”，“推爱”、“推恩”的方式，值得珍视。“爱有差等”是具体理性、实践理性，恰可证成普爱。儒家强调主体性，特别是道德的主体性，但儒家人己、人物关系，是交互主体性的。成己、成人、成物等是仁心推扩的过程。这对今天的人际交往与文明对话有其积极意义。

中国哲学的突破，人的觉醒的特点在于，并不斩断人与宗教神灵、自然万物的联系，人是宗教神性意义的天的产儿，人又是自然生态中的成员。这是连续性、整体性的中国哲学的题中之义。人特别是道德的人。人的道德性尤表现为在对自然物取用上的反思性，反思贪欲、占有欲，使人更加肯定动植物自身的价值，成为宇宙大家庭中自觉维护生态伦理的成员。人的道德性表现在社会治理上，则更加尊重庶民大众的权益，予不利者以最大的关爱，并有更多制度的保障，促成社会的和谐。这里包含了教育公平之于政治公平的基础性，促使阶级阶层间的合理流动，保证一定意义上的社会公正。这些都是礼学的真义。

人是有终极信念的人，人是自然大家庭与社会大家庭的成员，这都可以归结于人是有礼义仁德的人。君子对上天、对自然天地必须有敬畏之心，对社会底层的人应当有恻隐之心。人需要在人与天、地、人、物的关系中不断反思、治理、调节自身，更好地定位自己，不至于如西方近代以降，人不断自我膨胀，妄自尊大。

礼是宗教、社会、政治、法律、伦理、道德之综合体，我们从以上四个维度对礼做出的诠释，尽可能使礼的一些要素创造性转化、创新性发展为现代社会与人的积极要素，为现代社会所用。

六、郭店楚简《五行》的身心观与道德论

按郭沫若对《管子》四篇的研究，“心术”即“心之行”，“术”与“行”同指“道路”。[①]《性自命出》讲“心术”、“心之行”，《五行》讲“德之行”，二者有密切关系。按，从字源上看，“德”字从直从心，楚简上“德”字就写成“悳”。然而“直”是“循”之本字，那么，“德”即“心之循”，也即“心之行”。[②]“德之行”岂不成了“心之行之行”了吗？简言之，“德之行”就是心灵流行的路径、现象和方法。

竹简《五行》显然属于儒家，与子思学派有关系。[③]《五

① 参见郭沫若:《宋钘尹文遗著考》,《青铜时代》,北京:人民出版社,1954年。

② 参见杨儒宾:《儒家身体观》,台北:“中央研究院”中国文哲所筹备处,1996年,第269页。

③ 参见庞朴:《竹帛〈五行〉篇比较》,《中国哲学》第20辑,沈阳:辽宁教育出版社, 1999年1月; 李学勤:《从简帛佚籍〈五行〉谈到〈大学〉》, 济南:《孔子研究》, 1998年第三期。

行》与《性自命出》有一些区别。大略地说，《五行》不是从社会层面一般地讲养心、用心的方法，而是凸显其中更重要的层面，更强调道德的内在性和道德的形上性。在这个意义上，“德之行”与“心之行”乃同中有异者。

（一）五德形于内，德气流于外

《五行》首章简1—4：“五行：仁形于内谓之德之行，不形于内谓之行。义形于内谓之德之行，不形于内谓之行。礼形于内谓之德之行，不形于内谓之［行。智形］于内谓之德之行，不形于内谓之行。圣形于内谓之德之行，不形于内谓之德之行。”[①]“形”在这里是动词。特别请注意，上引这段话最后“德之”二字并非衍文。这里强调的是，第一，“圣”与仁、义、礼、智有所区别，它形不形之于内都是“德之行”。第二，“仁、义、礼、智、圣”并不在外，通过身体力行、道德实践，这些德目返流之于内心，成为君子内在的德性。这样一种心灵的流向（“心之行”），与《性自命出》所说的“生德于中”相类似，但更哲学化。这就是仁、义、礼、智、圣的内化！

请注意，“德之行”与“行”是相区别的，又是相统一

① 荆门市博物馆:《郭店楚墓竹简》，北京:文物出版社，1998 年，第 149 页。本文下面注引此书，仅列书名、页码，且个别文字、标点或有改动。

的。这是“下学上达”的两种流向，是形上形下的双向撑开，是内圣外王的有区别有张力的统一。儒家的身心观至此而大变。就“心”来说，有“内收”（形之于内的“德之行”）和“外扩”（流之于外的“行”）；就“气”、“身”来说，内收、外扩都必须凭借“德气”和“身”、“体”，并且由于“气”的作用，在“身”、“体”上有不同反映。“气”、“身”也反过来制约“心”、规定“心”。

该篇简4、5：“德之行五和谓之德，四行和谓之善。善，人道也。德，天道也。”[①]“德之行”、“五和”谓之“德”，“四行”、“和”谓之“善”。仁、义、礼、智、圣的和合，是形上之天道；仁、义、礼、智的和合，是形下之人道。前者“诚于中”，后者“形于外”。前者是与天道相连的道德心性，属超越层面；后者是与社会礼俗相连的道德实践层面。为什么说“德，天道”的层面是形而上的呢？关键的问题是“圣”，此为五行之所和的枢纽。我们可以想象，“圣”属土德，居中，仁、义、礼、智四德如金、木、水、火，居四方。居中者与居四方者不可作同一平面理解。按，简18、19指出，为善的层面（四行）是心与身“有与始，有与终”的过程，而为德的层面（五行）是心与身“有与始，无与终”

① 《郭店楚墓竹简》，第149页。

的过程，即心超越身的过程。简19、20有“金声玉振”之说，指出：“金声，善也；玉音，圣也。善，人道也；德，天道也。”简26、27：“闻君子道，聪也。闻而知之，圣也。圣人知天道也。”简28：“圣智，礼乐之所由生也，五行之所和也。”[①]简28，“智”，整理者认为属下读，实应改属上读。圣人是理想人格，圣德是超越之境，圣智是神契之知。圣人与现实人之间有时空的阻隔，不能相互看见，而只能凭听觉与心灵来感通。四行好比铜钟的“金声”，五行好比石磬的“玉音”。金声玉音组合方式是有分有合的，玉音象征的是人心与天道的贯通。我想这是礼乐文明背景下儒家道德形上学的特殊表达方式。这是我对五行和合为形而上之天道的总的说明，细的分析详见下文。

以下我们看到，与《性自命出》一样，《五行》也大讲“忧”、“思”、“悦”、“安”、“乐”。但这是在超越的层面、圣智的层面讲的。第二章5、6简：“君子无中心之忧则无中心之智，无中心之智则无中心［之悦，无中心之悦则不］安，不安则不乐，不乐则无德。”[②]读者无不重视“中心”二字。“中心”也就是“内在之心”，关于“中心”

① 《郭店楚墓竹简》，第150页。

② 同上书，第149页。

与“外心”，下面还有专门论述。据邢文的研究，竹简《五行》之经与帛书《五行》经说的区别，乃在于竹书是以“圣智”为主线贯穿全篇的，帛书经部文序的改动，则使这一中心线索稍显模糊。[①]换言之，上句所说的“中心之”智、忧、悦等是最高的智慧，是理性的愉悦，是超善恶的忧乐，是内在的极至之安。这是圣贤的境界。

就君子人格而不是就圣贤人格来说，则既要五德的内化，还必须注意“时行之”。第三章6至9简：“五行皆形于内而时行之，谓之君［子］。士有志于君子道谓之志士。善弗为无近（“近”，陈伟释为“忻”），德弗志不成，智弗思不得。思不清（“清”，按帛书为“精”）不察，思不长［不得，思不轻］不形。不形不安，不安不乐，不乐无德。”[②]君子、志士在人道（善）的层面要有所作为，有道德实践，才庶几近道；在天道（德）的层面，则是道德的知、情、意的内化。该篇接着说道德的“仁思”、“智思”、“圣思”与五德内化的关系，似乎是说道德理性思考、道德体验、体悟的明觉精察和玄冥契合，对于善行实践的提升，终而促使五德形之于内。于是君子获得与圣贤境界一样的终极性的安乐。

---

① 参见邢文:《郭店楚简〈五行〉试论》,《文物》, 1998年第10期。

② 《郭店楚墓竹简》, 第149页。

（二）仁之思、智之思、圣之思

以下反复讨论“不仁，思不能清（精）”，“不智，思不能长（长与短相对）”，“不圣，思不能轻”。该篇引证《诗·召南·草虫》和《诗·小雅·出车》，指出，不仁不智的人，未见君子时，忧心不能惙惙，既见君子，其心不能愉悦。不仁不圣的人，未见君子时，忧心不能忡忡，既见君子，其心不能诚服。《性自命出》未见如此这般细腻地铺陈心之“思”的文字：

第一，“仁之思”——精细。所以说“精”，是精细的德气充盈、流行的特征。“仁之思”与身体相连。设身处地，体贴入微，关心他人的忧乐和民间的疾苦，与他人同忧同悦，实为孔子之忠（“己欲立而立人，己欲达而达人”）和恕（“己所不欲，勿施于人”）的展开。因此，“仁之思”不仅是心之思，也是体之行，是内化的德气流于颜面和四肢。这是与身行浑然一体的“心思”。第五章12、13简：“仁之思也精，精则察，察则安，安则温，温则悦，悦则戚，戚则亲，亲则爱，爱则玉色，玉色则形，形则仁。”[1]仁者爱人！这就是温润如玉的仁者气象。读这一章，我们很自然地背诵出孟子的话：“君

---

① 《郭店楚墓竹简》，第149页。

子所性，仁义礼智根于心，其生色也睟然，现于面，盎于背，施于四体，四体不言而喻。”[1]“睟然”，朱注为“清和润泽之貌”。“仁之思”是身与心的交流，内的积淀和外的呈现的同时完成。又，《成之闻之》第24简：“形于中，发于色，其睟也固矣，民孰弗信？”[2]这句话可与上引各条材料互参。

第二，“智之思”——长久。很有意思，心之“智思”与身体的一个器官——眼睛及其功能相连。通过眼睛，时时发现贤人，可以获得长久不忘、刻骨铭心的心思，使我们进入德性的“明”。“明智”是何等的智慧呢？查本篇第6、15、16、17章，我们恍然大悟：有眼不识泰山，是睁眼瞎。“心”、“目”之功能，是让你有意识地、随时随地地“见贤思齐”。“未尝见贤人，谓之不明。”“见贤人而不知其有德也，谓之不智。”“见贤人，明也。见而知之，智也。”[3]原来，有意识地发现贤人的品格，很大程度上是通过贤人的身教（身体语言），这亦与“礼”有关。“智之思”是以目接贤人之身行、礼仪之后的反思。此与治躬之礼教有关，与衣服容貌有关。“明智”是善于发现

① 《孟子·尽心上》。“睟然”二字旧从下读，此从周广业、杨伯峻的读法。详见杨伯峻：《孟子译注》，北京：中华书局，1984年，第309、310页。

② 《郭店楚墓竹简》，第168页。

③ 同上书，第150页。

贤人，向贤人学习的智慧，也是“明明”——明了发掘内心德性的智慧。需要注意的是，自己的修养到了一定的境界，就善于发现周围的人的优点与长处，即“三人行必有我师焉”，即“见贤思齐”。发现了贤人的美德，自己也能产生温润的玉色，乃至我们的颜面出现玉色，表明智德已内化于心。

第三，“圣之思”——轻盈。《中庸》引《诗经·大雅·烝民》“德輶如毛”。輶，古时一种轻便的车，引申为轻。郑玄：“言化民常以德，德之易举而用其轻如毛耳。”圣人不以声色化民，其德行很轻，好比毫毛。人们很难见到圣人，有时空的阻隔，但可以凭借气或音乐与之联系。因此，“圣之思”与我们身体的另一器官——耳朵及其功能相连。“圣”之繁体字“聖”，从耳。君子要有听德，善于听闻、明了、学习、仿效远古圣人的榜样。“未尝闻君子道，谓之不聪。”“闻君子道而不知其君子道也，谓之不圣。”“闻君子道，聪也。闻而知之，圣也。”[①]及至我们的耳际充满美好的玉音，表明圣德已形之于内心。如果说“智之思”与礼教有关的话，那么“圣之思”则与乐教有关。“圣之思”是以耳听闻古乐、传闻和应对言语之后的反思，即通过口传、心传来

① 《郭店楚墓竹简》，第150页。

化民，万民对身以载道的圣人气象予以体认。这种圣听、圣思，是对于超越天道的谛听和冥契，是一种精神性的直觉体验。

所谓“圣之思也轻”，主要是指内求于心，反求诸己，操之则存，舍之则忘。《孟子·尽心上》：“孟子曰：‘求则得之，舍则失之，是求有益于得也，求在我者也。求之有道，得之有命，是求无益于得也，求在外者也。’”《孟子·告子上》：“心之官则思，思则得之，不思则不得也。此天之所与我者。”“故苟得其养，无物不长；苟失其养，无物不消。孔子曰：‘操则存，舍则亡；出入无时，莫知其乡。’惟心之谓与？”《荀子·不苟》：“夫诚者，君子之所守也，而政事之本也。唯所居，以其类至；操之，则得之；舍之，则失之。操而得之则轻，轻则独行；独行而不舍，则济矣。”从上下文来看，荀子讲养心莫善于诚，唯仁之为守，唯义之为行，顺命而慎其独，不诚则不独，不独则不形。这即是说，“至诚”即是“唯仁之为守，唯义之为行”。不到止于至诚的地步不能慎其独（专一于内），不能慎独则其德不能形见于外。道德之思，反求诸己，抓住了就存在，探求就会得到，因为所探求的对象在我本身之内。关于“操而得之则轻”，杨倞注曰：“持至诚而得之则易举也。”王先谦、梁启雄都认同此注，并以专精沉默的诚、养心修身克己自律来释“独”，足见“至诚”、“慎独”

是“圣之思”，也是体验、接近圣人的“思”。

闻而知之，见而知之，都是身体的体验之知，还要转入另一种体知——实践之知——知而行之，知而安之，安而行之，行而敬之，于此方能有仁德、义德、礼德。这也就是通过四体向外扩充，向外实行了。可见，在五德内收（形于内）的同时，德之气充盈于身体的各部位，并施之于体外，形见于外。

如前所述，“五行皆形于内而时行之”，既形之于内，又流之于外，是一个过程的两个方面。《五行》重点叙述了一心之“三思”——仁之思、智之思、圣之思，心通过道德体验的明觉精察或聪明圣智，使内在的精神性的道德呈现于、流动于人的情感、颜面、四体。此处的“三思”，借助于体、眼、耳，其德性内化的外部表征则是玉色与玉音。“三思”程度有所不同，“圣之思”与天道相接。

（三）“中心”与“外心”

楚简《五行》对形于内的“中心”与发于外的“外心”的讨论亦格外引人注目。

> 君子亡中心之忧则亡中心之智，亡中心之智则亡中心[之悦]，亡中心[之悦则不]安，不安则不乐，不乐则

亡德。（第5、6简）

颜色容貌温，变也。以其中心与人交，悦也。中心悦旃，迁于兄弟，戚也。戚而信之，亲［也］，亲而笃之，爱也。爱父，其攸爱人，仁也。（第32、33简）

中心辩然而正行之，直也。直而遂之，肆也。肆而不畏强御，果也。不以小道害大道，简也。有大罪而大诛之，行也。贵贵，其等尊贤，义也。（第33至35简）

以其外心与人交，远也。远而庄之，敬也。敬而不懈，严也。严而畏之，尊也。尊而不骄，恭也。恭而博交，礼也。（第36、37简）①

“中心”是内在之心，是“德之行五和谓之德”；“外心”是内心的发用，是“四行和谓之善”。与前引简书第5、6简相对应的帛书《五行》经部，还有一句：“君子无中心之忧则无中心之圣，无中心之圣则无中心之悦，无中心之悦则不安，不安则不乐，不乐则［无］德。”“忧”即“思”，指深深的思虑。忧思又与仁爱之心相连，因此“中心之忧”与“仁之思”相对应。相应地，“中心之智”与“智之思”对举，“中心之圣”与“圣之思”对举。仁之思、智之思、圣之

① 《郭店楚墓竹简》，第149、150页。

思都是“中心”之思，依次递进。“中心之悦”，是内在的愉悦，超越世俗苦乐之外的安乐。

楚简《五行》的逻辑很有意思，让我们对照以上引文的四段：第一段连同帛书的补充，是“中心”与天道的契合。第二段，由内在的仁心、愉悦出发，把诚挚的亲爱亲人（父母兄弟）的感情推扩出去，关爱他人，这个过程就是仁。这是仁德的内收与外扩。第三段，由内在的理智、分辩出发，区分直曲、是非、善恶、大道小道、贵贱、贤不肖，这个过程就是义。这是义德的内收与外扩。第四段，把内在的道德的知、情、意发用出来，与人交往，在交往过程中产生庄敬、严畏、恭敬之心，并实践一定的仪节，这个过程就是礼。与身形相连的礼仪是内在性的仁、义、礼德的外在化。所以我认为，竹简《五行》的“心”是近于子思、孟子的意味的。当然，前引《荀子·不苟》的论述也有相近处，但荀子在确认人性本初的质实上与《五行》不同，当然更与孟子不同。

请注意，以上所引第二段其实是说的“仁者人也，亲亲为大”。第三段是说的“义者宜也，尊贤为大”。第四段是说的“亲亲之杀，尊贤之等，礼所生也”。这几句话合起来，不正是《中庸》所记载的孔子答哀公问政的一段话吗？

关于“内心”与“外心”，《语丛一》简20、21、

25："天生百物，人为贵。人之道也，或由中出，或由外入。""由中出者，仁、忠、信。由[外入者，礼、乐、刑。]""……生德，德生礼，礼生乐，由乐知刑。"[①]从《五行》和上引《语丛一》诸简来看，仁义忠信显属内在，礼乐刑政则属外在。这与子思、孟子的思想相一致，而与告子的"仁内义外"思想不同，亦与楚简《六德》的思想有区别。《六德》简26、27："仁，内也。义，外也。礼乐，共也。"[②]《五行》、《语丛一》强调道德的内在性与主体性，对举"中心"、"外心"，肯定二者的一致和区分，把形式化的礼乐和刑政作为内心的发用。

竹简《五行》区分"内心"与"外心"，表明作者认识到"心"的功能是复杂的，与"天道"、"圣"境界相连的体验是内在之心的体验。在一定意义上，此"心"是可以暂时地摆脱形躯之累的，这就与下面我们将要说到的"独"、"舍体"可以联系起来。"内心"与形上、超越之"心"可以相连，亦可与"外心"相连。我们不妨以下图表示：

① 《郭店楚墓竹简》，第194页。又参见李零：《郭店楚墓竹简校读》，《道家文化研究》第17辑，北京：三联书店，1999年，第532页。

② 《郭店楚墓竹简》，第188页。

“独心”——形上、超越之心

↑上达

“中心”——五德形之于内，仁之思、智之思、圣之思——仁、义、忠、信

↓下学

“外心”——四德行之于外——礼、乐、刑、政

（四）心与形体的“一”与“独”

竹简《五行》还论及心与耳目鼻口手足的关系。该篇第45、46简：“耳目鼻口手足六者，心之役也。心曰唯，莫敢不唯；诺，莫敢不诺；进，莫敢不进；后，莫敢不后；深，莫敢不深；浅，莫敢不浅。和则同，同则善。”[①]这里区分了“心”与“心之役”，肯定了人的主体性，肯定了心志的统摄作用，又强调了“心”与“耳目鼻口手足”的整合、协调。《五行》的身心观，一方面抬高“心”之“独”，一方面又说明“心”的均平、专一，“心”与“耳目鼻口手足”等形躯、形体的整一、合一。该篇在引述了《诗经·曹风·鸤鸠》“淑人君子，其仪一也”（仪，指义或宜）之后说：“能为一，然后能为君子，[君子]慎其独也。”“君

① 《郭店楚墓竹简》，第151页。

子慎其［独也］。君子之为善也，有与始，有与终也。君子之为德也，［有与始，无与］终也。金声，而玉振之，有德者也。金声，善也；玉音，圣也。善，人道也；德，天［道也］。”[1]引《诗经》以鸤鸠抚育幼雏说明用心均平专一，这里比喻“心”与“心之役”的关系。在为善（人道）的层面，心与形体（耳目鼻口手足）是始终合一的，这样才能把仁、义、礼、智“四行”实现出来。至于在为德（天道）的层面，心与形体（耳目鼻口手足）由合一又走向分离（“慎其独”之“独”），走向超越神圣层面。王念孙说《中庸》之“慎独”的“慎”字当训为“诚”，此亦可以把“慎其独”释为“诚其独”。

以后在帛书《五行》的“说”中，更发展了“独”与“一”的思想，引入了“一”与“多”、“体”与“舍体”的概念，解说者推进了原本的思想，也使原本的意思更加明朗化了：“能为一者，言能以多［为一］。以多为一也者，言能以夫［五］为一也。”“慎其独也者，言舍夫五而慎其心之谓［独］，［独］然后一。一也者，以夫五为一也。”“独也者，舍体也。”“君子之为善也，有与始，有与终，言与其体始，与其体终也。君子之为德也，有与始，无［与终。有与

---

① 《郭店楚墓竹简》，第149、150页。方括号中的字，据帛书《五行》补。

始者，言］与其体始。无与终者，言舍其体而独其心也。”[1]帛书《五行》是说，心为“一”，五官四体为“多”，正因为心能独，即超越于五官四肢，故能对五官四肢均平（不偏不倚）、专一，进而能统摄之。这个意思与《荀子·解蔽》的“虚壹而静”相类似。所谓“一”，指内心精诚专一。所谓“独”，指舍弃形体。帛书对“独”的解释，指心思、情感的内在性，所举例子为外在的丧服、丧礼之于内在的至哀，如《论语·子张》所说的“丧致乎哀而止”。内在性的体验到一定的程度，则消解了耳目鼻口手足的牵累，进于精神性的玄冥之境。也就是说，君子在人道（善）的层面，其心与形体是始终整合在一起的，因为道德行为必须通过形体实现出来；君子在天道（德）的层面，其心与形体则由合一走向区分，此心通过剥离形体而神圣化了。换言之，道德行为表现于外，心与形体始终是协调的。道德理念形之于内，道德修养的境界由人道进至天道，则要舍弃形体。池田知久先生认为，帛书《五行》的意义说明了“心”对身体诸器官的支配性和“德”完成时对身体性、物质性的超越。“借着解开来自‘体’的束缚，升华至一种世界精神或绝对理性为止，通过这些阶段，然后获

① 魏启鹏:《德行校释》，成都：巴蜀书社，1991 年，第 29—32 页。

得人的真正的主体性，可以说这是高扬主体性的哲学。”①

我的看法是，帛书《五行》的“德之行”是德气流行的理论，仍然是以“形于内”与“流于外”、“心”与“身”的合一为基础的。没有“心”之气与“耳目鼻口手足”等身形之气的合一，就没有道德实践，没有道德实践的人道之善，就不可能有“心”的精神化，超越升华为天道之德。德气流行的模式是：内收（形于内，心对身的“一”）——外扩（流于外，心与身的“和”）——再内收外扩（通过仁之思、智之思，心与身进一步“和”，心与体始，与体终，具体实践仁德、义德、礼德）——再内收（通过圣之思等，达到终极性的安乐，心对身的“独”及“舍体”）——……

楚简《五行》之经尚没有如帛书《五行》之说，发展成完备的“仁、义、礼、智、圣”五种德气说，也没有明确地提出“舍体”方式，对于形体的精神化和精神的形体化没有充分论证，但都有了萌芽。

（五）余论

郭店简身心观在除《性自命出》、《五行》之外的各篇也

① ［日］池田知久：《马王堆帛书〈五行篇〉所见身心问题》，《马王堆汉墓研究文集》，长沙：湖南出版社，1994 年，第 58 页。

有所体现。例如《缁衣》第8、9简：“子曰：民以君为心，君以民为体。心好则体安之，君好则民欲之。故心以体法，君以民亡。”[①]流传至今的《缁衣》本可参：“民以君为心，君以民为体。心庄则体舒，心肃则容敬。心好之，身必安之；君好之，民必欲之。心以体全，亦以体伤；君以民存，亦以民亡。”[②]君民关系在此姑无论，仅就心体关系而言，显然有心导体，体从心，体全心亦全，体伤心亦伤之意。此亦为与《五行》类似的心身（体）的合一观。

又如《语丛一》第45至52简：“凡有血气者，皆有喜有怒，有慎有庄。其体有容，有色有声，有嗅有味，有气有志。凡物有本有卯，有终有始。容色，目司也。声，耳司也。嗅，鼻司也。味，口司也。气，容司也。志，心司。”[③]这就是说，凡人都有血气，都有心知，有喜怒哀乐，亦有敬畏慎惧。身形之体的各种器官有不同功能，色、声、嗅、味乃眼、耳、鼻、口（舌）之功能，面容感受外物之气，亦显现体内之气。心的功能则是立志有恒，指导各种身形器官。以上有关血气、体容、声色、气志等内容与《性自命出》相类似。《语丛二》

① 《郭店楚墓竹简》，第129页。

② 孙希旦：《礼记集解》，北京：中华书局，1989年，第1329页。

③ 《郭店楚墓竹简》，第195页；又参见李零：《郭店楚墓竹简校读》，《道家文化研究》第17辑，第533页。

的主要内容亦与《性自命出》相类似，特别是涉及喜、乐、悲、慢、忧、哀、惧、爱、欲及礼、敬、耻、廉、忠等，均与身体血气和“心之行”有关，兹不赘述。

综观郭店简之身心观，主要以《性自命出》的“心之行”和《五行》的“德之行”为典型。[①]这两篇都集中讲“心术”，其中值得我们重视的基本思想是通过“身心合一”达到“天人合一”。其“心术”之道，不仅通过礼乐治心、治身，促使身心互正，而且通过人道之善的实践，最终升进到超越的“圣”、“独”、“德”之境，即天人冥合之境。礼乐之教通过身体语言（身教）和口传、心传深入人心。对身形、仪态的重视和身心之互正，表明人之身体并不仅仅是生物性的身体。心身的相互凭藉展示了精神性的人的全面性，而不是生物性的人的片面性。德形之于内又达之于外，是伴随身心的整合而不断产生的过程。不仅心志指导身形的意义重大，而且心之“思”并非知性之知，而是德性之知，是仁之思、智之思和圣之思，是外心、中心、独心的层次序列。

---

① 有关《性自命出》的身心观，另请见拙文《郭店楚简身心观发微》，载武汉大学中国文化研究院编《郭店楚简国际学术研讨会论文集》，武汉：湖北人民出版社，2000年5月，第198—209页（本书下面注引此书，仅列书名、页码）；有关郭店楚简儒家文献与孟子学的关系，另请见拙文《郭店儒家简与孟子心性论》，载《武汉大学学报》，1999年第5期。

郭店简对儒家的身心观的论述还是初步的，对身体不只是生理的、实践活动的，而且是道德精神的主体，身体本身即是融合精神形体为一体的“道体”之说，还没有完整系统的体认，但已有了萌芽。在郭店简中，形体的精神化和精神的形体化因缺乏系统的“气论”和“体论”，未能得到充分论证。只有到《孟子》，才有系统的“德气”说与“德体”论，使儒家的道德的身心观得以圆成。

郭店简关于“心”与“思”的几种表述，关于志与气关系的讨论，关于礼乐教化促使形身与心灵互正的思想，都可以在《孟子》、《荀子》及《管子》四篇中得到印证。《孟子》的“生色”、“践形”、“养气”、“志气”、“大小体”、“尽心”诸说与《五行》的血缘关系比较亲近。《荀子》社会性的礼乐化的身体观、治气养心说与《性自命出》也有相关性，但《荀子》对社会主体、认知主体之“天君”的提扬，则是质的飞跃。《荀子》中有关“大心”、“养心”、“大清明”、“虚壹而静”的看法，与《五行》、《孟子》也有相关性。《管子》四篇的内心修养法和道、精、气、神的观点与郭店简、思孟学派相近，其静因之道则取自道家。

七、再论“五行”与“圣智”

我在拙文《郭店楚简身心观发微》[①]中已经探讨过竹帛《五行》及圣、智等哲学术语的意蕴，今再作补论。

（一）汉代五行图式的启发

关于思孟五行，汉代典籍中仍能找到一些佐证。《史记·乐书》结尾：“太史公曰：夫上古明王举乐者，非以娱心自乐，快意恣欲，将欲为治也。正教者皆始于音，音正而行正。故音乐者，所以动荡血脉，通流精神而和正心也。故宫动脾而和正圣，商动肺而和正义，角动肝而和正仁，徵动心而和正礼，羽动肾而和正智。故乐所以内辅正心而外异贵贱也；上以事宗庙，下以变化黎庶也。琴长八尺一寸，正度也。弦大者为宫，而居中央，君也。商张右傍，其余大小相次，不失其次序，则

① 以下简称《发微》，载《郭店楚简国际学术研讨会论文集》，第198—209页。

君臣之位正矣。故闻宫音，使人温舒而广大；闻商音，使人方正而好义；闻角音，使人恻隐而爱人；闻徵音，使人乐善而好施；闻羽音，使人整齐而好礼。夫礼由外入，乐自内出……”

清人梁玉绳怀疑《乐书》，以为“此乃后人所补，托之太史公也”，并引徐氏《测议》，谓上引“太史公曰”、“是截旧文为之”（《史记志疑》卷十五）。梁、徐的怀疑是否有据，不敢说，如果是截自旧文，那是何种旧文？我看，这段文字至少与思孟五行有关，当然使用了汉代人的模型。

《乐书》明确标举“仁、义、礼、智、圣”，并把这五种德性与五音相配合，又以五音协和、陶冶五脏之气，以端正身心，唤发德气。这段文字又明确以“圣”作为五行之中心。这都与《五行》简帛本、《性自命出》简本相合。按《洪范》郑玄注：“行者，言顺天行气也。”《乐书》以乐音感通体内德气，以德气顺天而行，实行出来。五行与乐的关系，在简帛《五行》中都有明确的表示。简书云：“金声而玉振之，有德者也”，“圣智，礼乐之所由生也，五［行之所和］也。和则乐，乐则有德，有德则邦家兴”。[①]《五行》与《乐书》都

① 荆门市博物馆:《郭店楚墓竹简》,北京:文物出版社,1998年5月,第150页。本文下面引用郭店简释文，不再另注出处，个别文字、标点或有改动《郭店楚墓竹简》之处。

肯定乐者天地之和，乐的特征是和合，亦肯定音乐有陶冶内心的功能，能使人超凡脱俗，亦有治世之功能，能协和邦家。不过，简帛《五行》没有像《乐书》那样，把“仁、义、礼、智、圣”五行与五音、五脏做图式化的比拟。

按《乐书》及《左传·昭公元年》、《昭公二十五年》之注疏，我们不妨绘制下表：

五行	仁	礼	圣	义	智
五音	角	徵	宫	商	羽
五脏	肝	心	脾	肺	肾
五方	东	南	中	西	北
五性	木	火	土	金	水

这种图式显然与汉代人的思维模式有关，不过并不违背简帛《五行》。仁义礼智四行之所和是人道之善，仁义礼智圣五行之所和是天道之德。圣德居中，君位，宫音，土德。圣德含容四德。《白虎通·礼乐》：“土谓宫，宫者含也，容也，含容四时者也。”按，《月令》注：“声始于宫。宫数八十一，属土者，以其最浊，君之象也。季春之气和则宫声调。”《钟律书》：“宫，中也，居中央，畅四方，唱始施生，为四声纲也。”圣德有包含、为主、和谐、生生之意蕴，是无疑的。

土德为五行之主。《淮南子·坠形训》：“音有五声，宫其主也；色有五章，黄其主也；味有五变，甘其主也；位有五材，土其主也。”“夫宫，音之主也”，又见《国语·周语》。“五声莫贵于宫”，“土者五行最贵”，“土为五行之主”，又见于《春秋繁露》、《月令》、《太玄》、《白虎通》。《白虎通·五行》：“五行之性，土者最大。苞含万物，将生者出，将归者入，不嫌清浊，为万物母。”“土味所以甘何？中央者，中和也，故甘，犹五味以甘为主也。”

按，《春秋繁露·五行五事》以“貌、言、视、听、思”五事配五行“木、金、火、水、土”。“思”的地位即《乐书》“圣”的地位。董氏《春秋繁露》发挥的是《尚书·洪范》的“五行”、“五事”，只是五行的排列次序略为不同。《春秋繁露》把“思”释为“容”，即包容、宽容之意，以“容作圣”，释《洪范》的“睿作圣”。

扬雄《太玄·玄数》以“仁、义、礼、智、信”配五行“木、金、火、水、土”，“信”的地位为中央，属土。“五五为土，为中央，为四维，日戊巳，辰辰戌丑未，声宫，色黄，味甘，臭芳，形殖，生金，胜水，时该，藏心。存神，性信，情恐惧，事思，用睿，㧑圣，徵风，帝黄帝，神后土，星从其位……”以上《玄数》的解释，更全面地表达了“土”行的中心地位和生长、繁殖的意义。当然，“圣”在这里是“思曰睿”、“睿作圣”的重复，与思孟五行的“圣”有了区别。

《白虎通》卷四《五行》、卷八《性情》亦以“仁、义、礼、智、信”五性配五行，同于《太玄》。以五脏配五性，“五脏，肝仁，肺义，心礼，肾智，脾信也”，则同于《乐书》。其中，信（诚、专一）的地位更加肯定。又，《白虎通》卷七《圣人》：“圣者，通也，道也，声也。”这种解释，也可以用来解读思孟五行的“圣”德。

以下我们把《繁露》、《太玄》、《白虎通》的大体相同的图式制成下表：

五性	仁	礼	信	义	智	扬、班
五行	木	火	土	金	水	董、扬、班
五事	貌	视	思	言	听	董、扬
五音	角	徵	宫	商	羽	董、扬、班
五脏	肝	心	脾	肺	肾	班
五脏	脾	肺	心	肝	肾	扬
五方	东	南	中	西	北	董、扬、班

我们必须注意的是，《太玄·玄数》的五脏配制与《白虎通》略为不同，它以脾属木，肝属金，肺属火，肾属水，心属土。另要注意的是，《春秋繁露》并没有以五性（仁、义、

礼、智、信）配五行。

贾谊《新书·六术》："人有仁、义、礼、智、圣之行，行和则乐，与乐则六，此之谓六行。"贾谊深知五行之多样统一并生成新的要素的道理。由五行之和合生成六行，表明五行模式的"生生"观念。[①]

综上所述，我们略可得出以下结论：第一，《史记·乐书》保留了思孟五行，堪称一绝。其所保留的根据虽很难考订，即使是司马迁以后的人据旧文所补，至少也反映出汉代甚至汉以后，仍有思孟"仁、义、礼、智、圣"五行学说在流行。其说以宫音喻圣德，以五音之和合喻五行，强调了德气在个体身心的运行，突显思孟五行学说的"和"与"生"的意蕴。《新书·六术》也与《乐书》相似，表达了上述意蕴。第二，依据《洪范》五行的"思曰睿"、"睿作圣"，董仲舒把居于中央地位的"思"行，进而把"圣"释为宽容、包容。第三，《太玄》、《白虎通》正式把五德"仁、义、礼、智、信"以"五性"的名义列入图式，"信"取代了"圣"、"思"，居于中央的地位。"信"原本即

① 关于贾氏《新书》与《五行》、《六德》的关系，详见李学勤：《郭店楚简与儒家经籍》，《中国哲学》第20辑，沈阳：辽宁教育出版社，1999年；又请见氏著《郭店楚简〈六德〉的文献学意义》，载《郭店楚简国际学术研讨会论文集》，第17—21页。

是“诚”，“诚”乃具有神秘性，如《中庸》之“诚”。但汉以后，“仁、义、礼、智、信”的“信”作为德目之一，渐渐消解了其神秘天道意义。第四，汉代五行说把五行释为五种气，把五行间的关系看成是相生相克的关系，以“相生”为主、为常。处于中央地位的土德，更具有主导、容摄、综和、统和、生成新的东西的意味，《白虎通》直接释“圣”为“通、道、声”，这些解释及汉代五行图式，反过来对我们理解思孟五行的“圣”、“圣德”、“圣智”很有帮助。

（二）传世文献中的聪明圣智

无论是在传世文献中，还是在简帛《五行》中，“圣智”总是与“聪明”联系起来用的。

传世文献中有“高上尊贵，不以骄人；聪明圣智，不以穷人”。这句话出自批评思孟五行的《荀子·非十二子》。《荀子·宥坐》：“子路曰：‘敢问持满有道乎？’孔子曰：‘聪明圣智守之以愚，功被天下守之以让……’”由此可知，“聪明圣智”的连用，至迟源于孔子。帛书易传《缪和》也记载了孔子类似的话，只是“聪明圣智”变成“聪明睿智”，“圣”与“睿”相通。《荀子·劝学》又云：“积善成德，而神明自得，圣心备焉。”以上材料都可以反证“圣智”所具有的神秘体验的内涵。

当然，与竹帛《五行》的“圣智观”最接近的是《中庸》与《孟子》。《中庸》三十二章：“苟不固聪明圣知达天德者，其孰能知之？”全句是《中庸》的核心，强调至诚者能“经纶天下之大经，立天下之大本，知天地之化育”，这是只有圣人才能做到的。“肫肫其仁，渊渊其渊，浩浩其天”，意即圣人以极其诚恳的态度，面对天下，高深静穆，胸襟广大。如此聪明圣哲，能通达天德，即启导出天赋我人的道德。前一章，即《中庸》三十一章：“唯天下至圣，为能聪明睿智，足以有临也；宽裕温柔，足以有容也；发强刚毅，足以有执也；齐（斋）庄中正，足以有敬也；文理密察，足以有别也。”——恰如庞朴先生所说，这里正是指的圣、仁、义、礼、智。[①]不过，“文理密察”的“智”，尚不能称为“圣智”之“智”。相对于知识理性（知识之知）或世俗伦理理性（道德之知）而言，“圣智”是对于天道之体验的智慧。《五行》中的“智”有文理密察的“智”，也有超文理密察的“智”。

让我们再来读《孟子》：“人之有德慧术知者。”（《孟

① 庞朴:《竹帛〈五行〉篇校注及研究》,台北:万卷楼图书公司,2000 年 6 月,第 101、102 页。

子·尽心上》）德、慧、术、知，是有分别的。正如孟子对于人，有“天民”、“大人”、“事君”、“安社稷”的分别一样，只有“圣人”或“天民”才有体悟、接近天道的智慧。正是在这种意义下，子贡才说：“学不厌，智也；教不倦，仁也。仁且智，夫子既圣矣。”（《孟子·公孙丑上》）“圣”是仁智的统合和对仁智的超越。

对于“圣智”最典型的表达，应当是《孟子·尽心下》：“可欲之谓善，有诸己之谓信，充实之谓美，充实而有光辉之谓大，大而化之之谓圣，圣而不可知之之谓神。”“圣人”能感化、和合、改变、造就、生成长养出新的事物、新的氛围、环境与局面，具有莫大的力量——人文教化的力量，人心归服的力量，感召力、凝聚力，等等。“圣人”就有这种智慧，它可以达到神秘莫测的境界，固而谓之“神”！这正是孟子所说的“智，譬则巧也；圣，譬则力也”（《孟子·万章下》）。“圣智”之不可测度与神奇，谓之“巧”；“圣德”之化成天下的力量，谓之“力”。譬犹射箭，达到百步之外，是你的力量，射中靶子，却是你的神奇。

孟子说：“仁之实，事亲是也；义之实，从兄是也；智之实，知斯二者弗去是也；礼之实，节文斯二者是也；乐之实，乐斯二者，乐则生矣；生则恶可已也，恶可已，则不知足之蹈之手之舞之。”（《孟子·离娄上》）这里的仁、义、礼、智，是就社会道德而言的，“智”在这里主要是分辨、通晓以事亲、从兄为起点的仁、义及其社会推广。这里最值得注意的是“仁、义、礼、智”之后的“乐”。从智、礼之中体验到的这种快感、快乐，无法休止。这不仅是感性的快乐，也不仅是理性的快乐，恰似“孔颜乐处”，是超越了社会价值，“从心所欲不逾矩”的快乐。“乐”在这里也具有“和”、“生”之意，正是处于五行结构之中心位置者所具有的特性——包容、为主、和合、生生。因此我们不妨把这里的“仁、义、智、礼、乐”的“乐”（le，不是Yue）看作是“圣”的指代。

孟子说：口、眼、耳、鼻和手足四肢对于美味、美色、悦耳之音乐、芬芳之气味和安逸舒服的爱好，是天性，但是否得到，却属于命运，因此君子不以此为天性的必然，不去强求——“性也，有命焉，君子不谓性也”。相反：“仁之于父子也，义之于君臣也，礼之于宾主也，智之于贤者也，圣人之于天道也，命也，有性焉，君子不谓命也。”（《孟子·尽心下》）庞朴于马王堆帛书《五行》发表之后，肯定“圣人”之“人”字为衍字，强化了不被人重视的朱子《四书集注》的“或曰：‘人’衍字”的注文，肯定这里所说的就是“圣之于天道也”，肯定“五行”为“仁、义、礼、智、圣”。[①]按孟子的原意，这里强调的是“仁、义、礼、智、圣”能否实现，属于命运，但也是天性的必然，君子不认为是属于命运的，因而可以突破、超越于命运的限制，力求顺从天性，求其实现。这就包含有“知其不可而为之”的意味了。

清人戴东原的《孟子字义疏证》倒是有天才的体悟，其《法象论》曰：

> 是故生生者仁，条理者礼，断决者义，藏主者智，智通仁发而秉中和谓之圣。圣合天，是谓无妄。无妄之于百物生生，至贵者仁。是故仁得则父子亲，礼得则亲疏上下之分尽，义得则百事正，藏于智则天地万物为量，归于无妄则圣人之事。

这段解释易象的文字，又被他加以发挥，收入《原善上》，足见作者的重视和喜好。其中，戴震强调生生者为仁，生生而有条理为礼与义，“得乎生生者谓之仁，得乎条理者谓之智。至仁必易，大智必简，仁智而道义出于斯矣。”（《原

① 庞朴:《马王堆帛书解开了思孟五行说古谜》,发表于1977年第10期《文物》,后收入《竹帛〈五行〉篇校注及研究》。

善上》）戴震在这里的确是对“仁、义、礼、智、圣”五行的阐发。把“圣”界定为“仁智中和”，“智通仁发而秉中和”，是相当精粹的。其《原善中》对于“圣智”的体会极深：

> 天之道施，地之道受；施，故遍物也；受，故不有也。魄之谓灵，魂之谓神；灵也者明聪，神也者睿圣；明聪睿圣，天德矣。心之精爽以和，知明聪睿圣，则神明一于中正，事至而心应之者，胥事至而以道义应，天德之知也。是故人也者，天地至盛之徵也，惟圣人然后尽其盛。

戴震在这里是以宋明理学家的话语来解读“天德”和“天德之知”的。其实，“天德之知”正是“圣智”。宋明学术对于“德性之知”与“闻见之知”的讨论是可以参证的。

综上所述，从《荀子》、《中庸》，特别是《孟子》与《孟子字义疏证》中，我们找到了有关“聪明圣智”与上达“天德”及“天德之知”的材料，这对我们理解思孟五行之本旨极有帮助。要言之，“圣”、“圣智”与聪明有关。“圣智”是一种“神明”，是圣哲对天道、天德的体悟。“圣”有化成天下的力量，“圣智”则有鬼斧神工、神妙莫测的功能。“圣智”与一般伦理分辨之“智”（“仁、义、礼、智、信”的“智”）不一样，更不能等同于感知、认知或知识之“知”。当然，“圣智”是一种感通，是一种体知，必然与身体、容貌、闻见、聪明有关，但不能等同于感性或理性之“知”。对于“智”，我们需要梳理层次；对于“圣智”，我们不能把它下降到知识论的方面或者伦理学的方面来理解。

刘信芳先生把“圣知”解释为知识。他说：“闻见是人的感觉，聪明是人的能力，圣知是人的知识。”[①]刘著以主客体之间的认识论来解读《五行》和“圣智”，似有未妥。实际上，“圣智”是对本体的体悟，是对超越天道的冥契。这不是知识论涵盖得了的。

（三）圣智与德圣

拙文《发微》指出：“‘圣人’是理想人格，‘圣德’是超越之境，‘圣智’是神契之知。现实人与圣人之间有时空的阻隔，不能用‘目’见，只能凭‘耳’听，凭心灵来感通，此亦即天人相通。”又说：“‘圣之思’是以耳听闻古乐、传闻和应对言语之后的反思，即通过口传、心传，对身以载道的圣人气象予以体认。这种圣听、圣思，是对于超越天道的谛听和

① 刘信芳：《简帛五行解诂》，台北：艺文印书馆，2000年12月，第78页。

冥契，是一种精神性的直觉体验，是心灵感应。”[1]圣智表示人心与天道的贯通、感应，玉音表示圣人感化天下的广泛。

竹书《五行》反复论证“圣”、“智”的关系，如第22至29简：

> 未尝闻君子道，谓之不聪。未尝见贤人，谓之不明。闻君子道而不知其君子道也，谓之不圣。见贤人而不知其有德也，谓之不智。见而知之，智也。闻而知之，圣也。明明，智也。虩虩圣也。“明明在下，虩虩在上”，此之谓也。闻君子道，聪也。闻而知之，圣也。圣人知天道也。知而行之，义也。行之而时，德也。见贤人，明也。见而知之，智也。知而安之，仁也。安而敬之，礼也。圣智，礼乐之所由生也，五［行之所和］也。和则乐，乐则有德，有德则邦家兴。文王之见也如此。

圣字通聲、聽，都有耳。按，帛书第242至244行：“不聪不明。聪也者，圣之藏于耳者也。［明也］者，智之藏于目者也。聪，圣之始也。明，智之始也。故曰：不聪明则不圣智，圣智必由聪明。圣始天，智始人；圣为崇，智

---

① 《郭店楚简国际学术研讨会论文集》，第203、204页。

为广。”[①]“智”德是见贤思齐，“圣”德是谛听、冥契天道。“明”是“智”的表征和起始，“聪”是“圣”的表徵与起始，固而有“聪明圣智”之说。据简书第十四简关于“智之思”的表述，很显然是把“明”、“智”界定为身心合一地见贤思齐，乃至诚于中而形于外。那么，这种“见”而后“明”而后积淀为内在的“智”德并表现为“玉色”的过程，就不是近代认识论的所谓感性之知，尽管它并不排斥感觉、身形、容色。没有道德意识，就不可能有所“见”，甚至会视而不见，因此不能“明”，也不可能回复到内心，形成智德。同样，第十五至十六简关于“圣之思”的表述，则是把“聪”、“圣”界定为谛听圣人之道。这种“闻”而后“聪”而后积淀为内在的“圣”德并在耳际充满“玉音”的过程，也不是近代认知科学的感觉、知觉之类。因为假如没有道德意识，就不可能有所“闻”，甚至会充耳不闻，因此不能“聪”，也不可能回复到内心，形成圣德。所谓“君子无中心之忧则无中心之智”，“无中心之忧则无中之圣”更证明了这一点。按，“见”而后“明”，“闻”而后“聪”，乃由内心之“忧”引起，并非从所谓客观外物引起。又，其结果则

① 《马王堆汉墓帛书》(壹)，北京:文物出版社，1980年，第20页。下引帛书不另注出处。

是“不智不仁”。按帛书的解释，“不知所爱则何爱？言仁之乘知而行之”，可见这里讲的都是道德的知，而不是知识的知。

帛书《五行》在集中论述了“目而知之”、“譬而知之”之后，又论述了“鐖而知之”，第343至344行：“鐖而知之，天也。鐖也者，赍数也。唯有天德者，然后鐖而知之。‘上帝临汝，毋贰尔心’。上帝临汝，鐖之也。毋贰尔心，俱鐖之也。”“鐖”，魏启鹏先生读为“仉”，取精谨深察之意。魏先生又谓“赍数”是持天地之数，而明变化、达性命之意。饶宗颐先生同意魏说，进一步释“仉”为极深研几。又说，“赍数”是指把握变化之数，即占筮者乃能通其变。庞朴则释“鐖”为“禨”，指吉凶先兆。[①]显然，“鐖而知之”，类似于“聪明圣智”，是具有天德良知的人的神秘体验。

帛书第454至457行，《德圣》残篇：“圣，天知也。知人道曰智，知天道曰圣。圣者声也。圣者智，圣之智知天，其事化燿。其谓之圣者，取诸声也。知天者有声，知其不化，智也。化而弗之，德矣。化而知之，叕也。”这很可能是解释竹

① 魏启鹏：《简帛〈五行〉笺释》，台北：万卷楼图书公司，2000年7月，第129页；饶宗颐：《从郭店楚简谈古代乐教》，《郭店楚简国际学术研讨会论文集》，第6页；庞朴：《竹帛〈五行〉篇校注及研究》，第83页。

书《五行》第四至五简的："德之行五和谓之德，四行和谓之善。善，人道也。德，天道也。"

由此可知，"圣"高于"智"，"德"高于"圣"。"仁、义、礼、智"四行和合生成"善"，属人道层面，对于人道的体悟、理解和分别叫做"智"。"仁、义、礼、智、圣"五行和合生成"德"，属天道层面，对于天道的体悟、理解，叫做"圣"。"圣"德与"圣人之智"或"圣智"是对宇宙本体、生命本体的体悟，是对超越天道的神契。不是"圣人之智"或"圣智"，而是贤者之"智"德，则属于对人道、社会层面的知。圣人与贤者的区别，以耳学习圣人与以目接近贤人的区别，聪与明的区别，在一定意义上就是"圣"德与"智"德的区别。耳与目、聪与明、圣与智的统合，则是"圣智"。

在这一定意义上，郭店简的五行观应当称为"圣智五行观"，因其重心是"圣"、"智"与"圣智"。比"圣"更高一层的是"德"，比"圣智"更高一层的是"德圣"。"德"是超越之境，"德圣"是对超越的体证、会悟。

如前所述，"五行"的本意即含有相生的观念，特别是居其中心之一行，兼有包容、统合、为主、生生诸意蕴。准此，我们可以推测思孟五行向上的发展是"仁、义、礼、智、圣、德”、“六行”。“圣”统合“仁、义、礼、智”，“德”统合以“圣”为中心的“五行”。按《德圣》：“道者、德者、一者、天者、君子者，其闭塞谓之德，其行谓之道。”“德”是宇宙、世界和人的一种潜在性、完满性、自足性。而“道”是“德”的一种展开、流行、实现。

如果说“五行”的向上发展是由“圣”而“德”，由“圣智”而“德圣”的话，那么，“五行”的向下发展则是社会道德层面的“六德”。郭店楚简《六德》是这样说的：“何谓六德？圣、智也，仁、义也，忠、信也。圣与智戚［就］矣，仁与宜［义］戚［就］矣，忠与信戚［就］矣。作礼乐，制刑法，教此民尔，使之有向也，非圣智者莫之能也。”这里的“六德”就是指的“圣、智、仁、义、忠、信”，且圣与智、仁与义、忠与信“相辅相成”，“相辅互补”，“分出三组显示其结构性的意义”。[①]《六德》肯定制定礼乐刑法以规范民众的圣人才有“圣智”。在这里，“圣”、“智”既有分用，又有合用，同于《五行》。据徐少华《郭店楚简〈六

① 庞朴说“相辅相成”，丁原植说“相辅互补”与“结构性的意义”。庞文《六德篇简注》，见氏著《竹帛〈五行〉篇校注及研究》，第183页。丁文《六德篇释析》，见氏著《郭店楚简儒家佚籍四种释析》，台北：台湾古籍出版有限公司，2000年，第209页。

德〉篇思想源流探析》[①]，《周礼·地官·大司徒》已明确指出“六德：智、仁、圣、义、忠、和”。

“五”与“六”的架构，或“五”与“六”之转，即由五行和合相生，而成六行的，有前引贾谊《新书·六术》的例证，郭店简《五行》与《六德》间的关系似与这种架构有关。《白虎通》的五性六情、五脏六腑之说亦相类似。《六德》又以六德配六位，形成“父圣、子仁、夫智、妇信、君义、臣忠”的伦理学结构。

《五行》与《六德》的最大差别是，《五行》论述以天道观为背景的个体道德及其深层的道德形而上的问题，有极深的信仰、神性意义的成分，而《六德》只是五行向社会伦理面的推行。

关于《五行》竹帛之比较，庞朴、邢文等都有大文。[②]庞、邢都认为，竹书《五行》的枢纽是“圣智”，首先谈“圣智”，把“圣智”作为最重要的原则，而帛书《五行》按仁义礼智圣的次序谈，有的地方取消了“圣”与“智”的关联，而且把“圣智，礼乐之所由生也”改变成“仁义，礼乐之所由生

① 《郭店楚简国际学术研讨会论文集》，第375页。

② 庞朴：《竹帛〈五行〉篇比较》，见《竹帛〈五行〉篇校注及研究》；邢文：《郭店楚简〈五行〉试论》，《文物》1998年第10期。

也”。邢文认为，竹书《五行》更接近子思之学，帛书《五行》却经过了子思后学的妄改。庞朴认为，从文理和逻辑来分析，帛书本的次序较为合理。

我的想法是，从郭店竹书到马王堆帛书，儒家道德形上学的圣智观处于旁落、下移的过程中，汉代世传文献中“仁义礼智信”取代了“仁义礼智圣”，特别是“信”之神秘性的“诚”意的逐步弱化，则表明这种天人圣智观或圣智五行观进一步处于消解的过程中。思孟五行正是因其哲学形上学的或终极信仰的诉求，被荀子及荀子前后的儒者视为不切实用，太过玄虚，终免不了湮灭的命运。从道家文献来看，郭店《老子》并无“绝圣”的主张，而帛书《老子》已有了“绝圣弃智”的主张。这亦从反面佐证了这一点。

总而言之：与“聪明”相联的“圣智”是一种“神明”，是对“天德”、“天道”的体悟或神契，是体验、接近超越层的“天德之知”。切不可从知识论的视域，特别是主客对待的认识论的角度去理解思孟五行。思孟五行是具有终极信仰的、以天道观为背景的“天人圣智五行观”，蕴含着深刻的道德形上学的思想，其枢纽是“圣智”。五行间相互作用，居于中央的一行，具有包容、为主、统合、生生的意蕴。“五行”之和合而生长出“六行”。向上推，其最高天道超越层是“德”，对它的体验是“德圣”，即由“德”统合“仁义礼智圣德”六行；次高层是“圣”，对它的体验是“圣智”，即由“圣”统合“仁义礼智圣”五行，它是天赋的，或天德下贯在人心中的、内在性的道德的知、情、意；向下推，则展开为个体道德与社会道德和合的“圣、智、仁、义、忠、信”六德，或“善”统合的“仁义礼智”四行；再下推，则是社会伦埋关系的六位、六职。

附录

专访郭齐勇：儒学是个整体，不能割裂内圣外王

1. 采访者：2017年您先后荣获“世界儒学研究杰出人物”、“汤用彤国学奖”，二者都是国学界较重要的奖项。您的新著《现当代新儒学思潮研究》也入选“人民出版社2017年度十大优秀学术著作”，您觉得它的主要创见在哪里?

郭老师：谢谢你们大雪天来采访我！获得这些奖对我来说是“盛名之下，其实难副”，真是不敢当，我心里有压力。我的小书《现当代新儒学思潮研究》大概是30多年来的一个积累，我持续关注这一领域，研读了他们的著作，也拜访过一些前辈，了解这个思潮。我是将它放在五四以来整个现代中国思想发展的脉络中加以定位的。过去我们总是将现当代新儒学与五四精神、现代价值对立起来，认为它是与启蒙精神背道而驰的。如果说有一点什么新的看法的话，我认为现代新儒学其实

就是启蒙精神或者是五四精神的有机组成部分，它同样是中国文化现代化过程中的重要传统，绝非仅仅起了“反面教员”的作用，而是文化启蒙中不可或缺的一环。另一方面，现代新儒学对启蒙思潮、五四精神是有深刻反思的，就像梁漱溟先生说的，这个时代不能只是往前冲，我们还得立定下来，还要往后看一看。现代社会是不是只要民主科学就够了？况且民主科学也没那么简单。虽然五四的精神很了不起，胡适之、陈独秀、鲁迅都是影响深远的人物，但现在看起来他们的有些观点还是平面化、简单化了一点。民主科学能涵盖整个宇宙人生吗？诗书礼乐是完全与之对立的吗？文明教化、心性涵养可以不要吗？儒释道、宋明理学中的精神与西方哲学、宗教的精神完全不可通约吗？这些都是现代新儒学着力探讨之处。所以，我是将它作为整个五四启蒙传统的一支补充力量来看待的，它反思现代性，但并不反现代化，它不是现代化的一个反面，而是现代化的一个补充。现代新儒学的很多论述是针对五四启蒙思潮的缺憾而发的，将它带进来，能使我们更加全面地理解这个时代，当然也有助于我们弥补这些缺憾。“儒”就是有文明修养的人，他们并不与现代对立，有生命的厚度，有价值，有信念信仰即安身立命处，这是现当代新儒家特别强调的，也是我想表达的。

2. 采访者：您当过知青，也在工厂工作多年，您上大学之前的这些人生经历对您后来的学术人生产生了怎样的影响？

郭老师答：我有在天门县当知青与在湖北化工厂当工人的经历，共有十年之久。在当工人期间，我到湖南株洲化工厂和浙江西部的衢州化工厂培训过。在下乡和工厂期间我接触到了很多农民和工人，我的想法用王阳明的两句话来说就是“不离日用常行内，直到先天未画前”，儒家的大道理就在老百姓的日用常行之中，老百姓直接的行为，其实就有中国文化的道理在里面，这些行为是未经雕琢、发自天然的，充满着儒家讲的性本善、仁爱。在以阶级斗争为纲，充满仇恨心理的氛围之中，我们却从农民、工人身上得到了关爱，仁义礼智信化成了他们实际的行为，我们身处其中，受到了活生生的传统文化的教育。在“文化大革命”中，我们被抛在下层，在孤独的境遇中，得到了老百姓的关爱，感受到了人性中的良善。这种切身的感受，是与当时所谓传统文化尽是糟粕、完全没用的大批判完全不同的，我的生命感受此其一。其二是来自家庭，是家庭给予的亲情，我的祖父、父母和兄长们，基本上还是用传统的东西来教育我，身教胜于言传。

3. 采访者：当代新儒家一直是您的主要研究领域之一，您是如何界定“当代新儒家”和“现代新儒学”这两个概念的，它们的边界在哪里。另外，您觉得应该如何正确认识评价这个思潮。

郭老师答：现当代新儒学思潮按刘述先先生的说法有广狭之分。广义的称为现代新儒学，包括“三代四群”的学者；狭义的称为当代新儒家，专指“熊十力学派”，即奉熊十力为开祖，经唐牟徐之发展，由杜维明、刘述先等人接续。我用的“现当代新儒学思潮”这个概念更具有开放性，我大致将它分成五个阶段：五四运动前后东西方文化问题论战和“科学与人生观”论战期间是其形成时期，可视为它的第一阶段，代表人物有梁漱溟、熊十力、马一浮、张君劢等；第二阶段是抗战时期及抗战胜利后，代表认为有冯友兰、贺麟、钱穆、方东美等，这两个阶段均发生在中国大陆；第三个阶段是二十世纪五十年代至七十年代，代表人物有唐君毅、牟宗三、徐复观等，发生在中国台湾和香港地区，因此也可以简称为港台新儒学；第四阶段发生在二十世纪七十年代至九十年代的海外，因此可以简称为海外新儒学，代表人物有杜维明、成中英、刘述先等；第五阶段是比海外新儒学稍晚，中国大陆自改革开放以来引入并发展的现代新儒学，因此也被称为“大陆新儒学”。

至于如何评价文化保守主义思潮及其中的现当代新儒学，

我觉得在现代浩浩荡荡的各种思潮中，与马克思主义（社会主义）、自由主义、民族主义思潮比较起来，它虽不是主流，但确实很重要，有意义。其意义在于：其一，它不脱离我们的文化土壤。它在我们自身的文化基因中发掘现代化的内在力量，或者说找到一些现代化的根芽。现代化不是外在于我们的，它是中国文化所必然要求的，当然这种必然性不是逻辑的必然性，而是辩证的必然性、实践的必然性。其二，它是一种文化价值观与信仰。它重视中国文化、诗书礼乐的传统，这是养育我们几千年的文明传统，包含着我们信仰的层面，是我们安身立命之所在。中国的文明传统并不与启蒙价值相违背，相反它有自由人格的追求，可以与民主科学相结合，有助于克服现代科技文明带来的弊端。现在科技昌明，的确给我们带来诸多便利，现代生活的舒适便捷是拜其所赐，但也暗含着很多危机。科技的单面发展其实是有隐忧的，它不能脱离人文价值的指导，比方克隆、转基因等，不仅是一个技术问题，也是伦理问题。现代文明了不起，但是不能没有批评的声音，它需要传统的辅弼。警惕现代性的单向度及片面性，批评原子式个人主义及欲望的膨胀，有助于我们获得更加健康的现代性成果。现代性的诉求与现代性的反思不是矛盾的。

4. 采访者：您前面讲到当代新儒家和现代新儒学两个概念或两个群体的界定，您方才也提到了“大陆新儒家”这个概念，它们之间又该如何区分呢？您对儒学的未来发展有怎样的期待呢？有人说儒学在中国大陆的复兴，表明我们已争回了儒学发展的主导权，您怎么看？

郭老师答：我反对将港台新儒家与大陆新儒家对立起来的看法，就如我反对将心性儒学与政治儒学对立起来。历史上从来就没有心性儒学与政治儒学的二分，内圣外王在儒学是一体的，内圣是心性之学，外王是事功之学，就是政治之学，没有所谓只讲心性修养而不做政治事功的儒家，反之亦然。说到“大陆新儒家”概念的界定，可谓见仁见智，我曾为“大陆新儒家”下过一个定义：就其主流而言，所谓“大陆新儒学（家）”或“新时期大陆的新儒学（家）”，是受当代哲学思潮，特别是现当代新儒学思潮的影响，面对中国大陆改革开放以后社会生活的实际问题，在马、中、西互动的背景下，以儒家哲学思想的学术研究为基础，积极调动以儒学为主体的中国文化资源，促进儒学与现代社会相调适，并创造性的诠释儒学精义，推动儒学现代化与世界化的学派。（郭齐勇：《当代新儒学思潮概览》，《人民日报》2016年09月11日）我认为此派学者应该包括：汤一介、庞朴、张立文、余敦康、蒙培元、牟钟鉴、陈来、杨国荣、郭齐勇、吴光、李存山、张祥龙、颜炳罡、景海峰、吴震、黎红雷、朱汉民、张新民、蔡方鹿、舒大刚等。这个名单当然大可斟酌，难免挂一漏万，还有很多学者特别是新生代并未列入。他们对儒学的发展当然超出了唐牟的范围，但他们的背后无不有着康德、牟宗三的影子。我认为“大陆新儒家”完全没有必要，也无法与港台新儒家做到壁垒分明，就像心性儒学与政治儒学无法全然二分一样。

当然为了研究的方便，我们也可以基于不同的视角、不同的系谱来划分儒学，如就儒学内在成分的侧重点之不同，有所谓心性儒学和政治儒学；就地域而言，有港台新儒学、海外新儒学、大陆新儒学等；从城乡来分的话，有乡村儒学、社区儒学、城市儒学；从大小传统来分的话，有精英的儒学，也有大众的儒学。这些划分都不是绝对的，只是权宜之计，因为只要还是“儒学”，就应该具有“儒学”的整全性与核心意涵，儒学的“内圣外王”是一体的。

近年来儒学在中国本土回归、复兴，这是我们努力的方向，但我们最好不要用“争回”主导权这样的说法。儒学从宋代以后，特别是明代以后，就是东亚社会共有的思想资源，日韩越及东南亚等国家和地区在以后的发展中也形成了自己的儒学传统，都有创造性。如果一定要用中心、边缘这样的词，那么儒学的中心与边缘也是互动的。儒学发展也是机缘巧合，有时代、地域的背景、制约与需求。儒学在中国大陆的发展，说到底还是自身的社会需要，经济发展了，社会安定了，自会有这种需求，这是很自然的事情，人终究要找到自己精神信仰的归乡与故园。其实唐牟徐是乐见中国文化反哺大陆的，钱宾四先生生前也有这样的说法。在阶级斗争为纲的“文革”时期，在批孔成为主潮的情况下，儒学在大陆没有存在的可能，遑论发展，幸好有港台地区保留了火种。

受儒家文化浸润的中国及其周边的日本列岛、朝鲜半岛、越南等地，这一带叫做儒教文化圈或者汉字文化圈。儒家文化的庙堂在哪里呢？在家里。过去我们有家庙，有祖宗牌位，朱子家礼讲的就是这方面的礼仪、规范。亲人葬在哪里呢？在乡下离家不远的一个墓园。冠婚丧祭的礼仪就是儒家文化的重要内容。儒家文化就在家国天下中，它在中国、日本、韩国、越南、东南亚等地的发展，都是自然形成的，是很自然的过程，滋养这些地域、社会的方方面面。越南的孔庙（文庙）多，胡志明反对批孔，他保留了较多孔庙。我们的文庙大多已惨遭厄运，侥幸留存的也残破不堪。儒学成为汉字文化圈的主要精神导向是自然形成的，儒学就是一种文明、一种修养，它浸润家国天下社会的各个层面。因此，儒学是一种社会形态和文化形态，它不是意识形态也不是宗教，它是一种儒家士人主导的文化。过去“皇权不下县”，县以下是儒家的礼治在调节这个社会，儒家士人在其中起指导作用。所以说，儒学是一个整体，我们现在根据研究的需要，将儒学分成政治儒学和心性儒学，但我们一定要留意，这种划分不是绝对的。难道为政者就不用讲心性修养吗？难道心性修养只是在家里静坐，不用去社会实践吗？比方梁漱溟先生，他说自己是个行动的思想者，他参与了那么多实际的政治事务，可是他的修养功夫也好生了得，实际上他是心性修养与外王事功并重的。儒学是个整体，不能割裂修己与安人、内圣与外王。当然，这并不是说儒学中已经现成的有了现代价值，就像牟先生说的“曲通”以开出民主科学一样，儒学需要现代转化，仅就道德主体开出政治主体而言，这一领域与康德的法权哲学、罗尔斯的新自由主义及当代社群主义之间，存在着广泛的对话空间，有非常多的工作值得我们去做。

5. 采访者：来采访您之前我去过黄冈。您长期研究的当代新儒家人物熊十力、徐复观，他们两位都是黄冈人，很多文史大家汤用彤、黄侃、闻一多、殷海光等也是黄冈人，为什么会出现这种现象？

郭老师答：是广义的黄冈地区，汤用彤先生是黄梅的，熊十力、殷海光先生是黄冈的，徐复观先生是浠水的，徐先生在巴河的家乡，我们去过，距熊先生家不远，都在大巴河地区，但一个是浠水，一个是黄冈。我们曾去熊先生、徐先生的陵园扫墓，他们在港台地区的弟子们也曾去谒陵。还有蕲春的黄季刚先生，浠水的闻一多先生。我们前年（2016年4月）在黄冈举办"当代新儒家与当代中国和世界"学术研讨会，海峡两岸来了很多学者，在论文集的第一篇文章中，我专门谈了鄂东文化的传统。如果没有明清两代文化的基础，没有新文化的刺激，不可能造就近代鄂东人文繁盛的现象。那时的信息渠道不是后来的火车、公路，更不是现在的光缆，而是水路。黄冈在长江边上，上接武昌，下临九江，各种信息得以通过武昌九江之间便捷的水路传递，武汉是文化中心之一，新文化是通过长江这个渠道从九江和武昌传到黄冈的，当时的报纸、新闻纸甚至都传到乡下去了，新文化运动的影响也因此波及黄冈。但近代鄂东文化传统不仅受武昌的影响，它也是既有明清时期文化的积淀产物，鄂省中的进士，大黄冈，鄂东地区有时几乎占了一半。所以鄂东地区文化的繁荣一是有明清两代的乡间文化作为基础，二是有现代文化的刺激影响。这些人物中，有富家子弟，有平民子弟，有读过书的，有没有读过书的，有受过系统的古学传统教育的，有只受到新学教育没有受到传统教育的，这是值得我们重视的文化现象。鄂东成就了他们，但他们不走出鄂东，也成不了人物。每一个人都走出来了，像汤用彤先生不用说，他出生在甘肃，他的父亲汤霖是黄梅人，光绪年间中了进士，因此走出去了，在甘肃做官。只有走出鄂东，他们才能成为人物！

6. 采访者：您长期担任国学院的院长，对国学学科建设贡献良多，在国学教育、国学推广方面您也做了很多工作，想请您谈谈这方面的情况。关于国学与文化自信，国学与文化认同和伦理共识的关系问题，也向您教您。

郭老师答：国学的学科建设我们提倡了很多年了，但国学学科现在并没有列在学科目录上。我们为什么要坚持提“国学”呢？其实还是希望发展出本土的文化。有人批评“国学”大而无当，其实我们也是“不得已而为之”才提出来的，因为现在的学科标准全部是西化的。但是，按照西方的学科标准来看待国学，的确是削足适履。在西方这套学科体系里面，人文学科被分化了且被边缘化了，而社会科学又基本上是实证主义的做法，这是与人文学大相径庭的。源自西方的现代学科的划分，与中国古已有之的学术学科方式是不同的。过去我们有经史子集，虽然只是一些部类，只是一个图书的分类，但它仍是我们了解中国传统学术的方便之门，还有义理、考据、辞章、经世之学诸路向。如何在现代的学科分类中，还体现一点传统的东西呢？特别是经学，它在现代学科体系中无处安立。经学是中国过去最大的一个传统，现在没有经学了，子学、史学、文学还可以勉强在文史哲分科中体现一点，但是经学被裂解了。现代学科的分类基本上是将传统学问当作死物，而且越分越细，肢解分离，不是像我们过去的学科，文史哲不分家，传统学问是一种整合的“生命的学问”。《史记》就只是历史的资料吗？《诗经》就只是文学的资料吗？我们现在将史部和经部的这些经典看成死物，当作史料去研究，这就将经学、子学、史学和文学的活的传统、整合的传统都丢掉了。过去的学者，在他们心中传统学术是一个整体，他们的研究既有很精深的研究，又不脱离一个大的学术背景。所以我们设立国学学科，主要是想重振经学，并由此带动整个中国人文学的重建。西方的学科建制在某种程度上是肢解了中国的人文学术。现在文史哲各学科培养人才太过单一化了，我们希望未来的学科发展不要太过于褊狭，希望文史哲兼通，儒释道兼通。过去我们讲，学中国文化要“通”，实行通才教育，西方也有通识教育，所以我们倡导培养传统文化的通人。

国学里有华夏文明的主要精神，也有老百姓的日用常行之道。国学不只是精英的文化，它具有很强的草根性，影响社会的方方面面，与下层老百姓的生活有密切的关联性，是他们安身立命之所在。过去的老百姓，包括我的父亲和母亲，文化程度不高，但是他们的做人做事之道基本上还是五常——仁义礼智信，以及四维八德等儒家的价值。方才我提到王阳明说的“不离日用常行内，直到先天未画前”，虽然老百姓是日用而不知，但他们基本上还是依照礼义廉耻、孝悌忠信而行的，体现在他们行为方式中的其实就是这一套价值观。所谓的儒学的复兴，正是要自觉地让养育了我们几千年的文明，重新回到我们的生活中去。前面我说过，即使是在“文革”时期，底层老百姓还是按照这一套价值观在行事，所谓“礼失而求诸野”，儒学并没有脱离老百姓现实的生活，只是没有自觉，现在我们要自觉。

西方人有1500年的基督教教化的历史，中国人有2500年儒家教化的历史。过去在家庭，有家信、家书、家训、家礼、家谱、家教，儒学由私领域到公领域，渗透到家国天下的各个方面。延续了2500多年的儒家教化的传统，是不能随意丢弃的，它是可以转化的正面的东西。健康的现代化成果的取得，离不了儒家的这一套教化，它是春风化雨，培育真人。这里有人们安身立命之所在，日用常行之道，是现代化生活所必需的。目前的状况有点糟糕，比如财大气粗、为富不仁的心态，过去我们说“贫而无谄，富而无骄”，我们失去了“富而好礼”的传统。这一套文明的教化，与我们的现代化的前景是有关系的。

我们讲文化自信，文化自信要建立在文化自觉的基础之上，没有文化自觉的自信是盲目的自信。我们拿什么自信呢？我们对自身的文化了解多少呢？我们的传统里面有糟粕，有负面的东西，有需要时代汰洗的东西，但也有一些养育我们心灵的东西，有正面的东西，有可以现代转化的东西。这既不是文化自戕，也不是文化自恋，而是超越自戕和自恋的一种文化自信。这种文化自信是有分析的、有理性的，它是建立在文化自觉基础之上的。其实文化自觉就是自觉利弊、自觉长短，进行创造性的转化。所以我觉得我们的文化自信基础还在文化的自觉。当然，现在我们提倡国学复兴，提倡儒学复兴，并不是抱残守缺，回到过去，而是传统的创造性转化。

文化认同是解决“我是谁”的问题，而伦理共识是解决法治社会的基础的问题。认同问题不是官方一个指令就可以解决的，单靠法律运作也不能调节整个社会。假如我们对真善美、假丑恶没有一个共识的话，法律是不能彻底运作的。法律一定要有道德的基础，需要伦理系统的滋润。所以，一个健康的现代社会需要解决族群认同和文化认同的问题，需要解决伦理共识和终极关怀的问题。我们需要在传统文化中，在现代化转进过程中，找到一些公约数。实际上，即使是在全球化的现时代，世界各国还是要调动本土的族群的文化，使之成为民众的安身立命、终极关怀之所在，成为文化认同与伦理共识的基础。从世界文化的比较来看，中国不能没有养育了我们几千年的文明，特别是儒家文化，不能不从中调动一些资源来做创造性的转化。

7. 采访者：下一个问题还是想就国学概念做进一步的请教，现在国内仅有的几家以国学命名的机构，比如人民大学，提倡大国学，有藏学、蒙古学、满学和汉族的国学并存；山东大学约等于是一种儒学。在您看来，国学除了最核心的经学之外，应该有怎样范畴和边界？

郭老师答：人民大学的同仁、山东大学的同仁都做得很好，很了不起！国学专业迄今在全国十几家高校有本科生，像中国人民大学、山东大学、郑州大学、深圳大学、南昌大学，国学本科生的人数可观。每个学校的国学院系都有自己的特点。每次召开国学院院长联席会议，大概有50多家国学机构参加，但有的是研究院只做研究，像清华大学国学院就只做研究，当然招博士研究生，没有本科生，各有各的特点。其实汉字并非就只是汉民族的，像《史记》里面就有各个民族的列传，如《匈奴列传》、《南越列传》、《东越列传》、《朝鲜列传》、《西南夷列传》等。以汉字为载体记录的文化，所积淀下来的东西，不只属于现在的汉民族，它的性质不是由作为文字载体的汉字决定的，这不是大汉族沙文主义。我们现在所说的国学，并不是汉民族的专利，其中汇聚了历史上多民族的智慧，是中华各民族共同创造的、共同拥有的文化精神资源，正所谓“一体多元”、“和而不同”。我国不同时空、不同民族、地域的丰富多彩的文化不断交流融合，其中还伴随着中外文化的碰撞、交流与融合。整个中国文化史可以说是一部各民族文化互动、融合的历史，有的是用汉字，有的则用不同民族的文字表达了这种多元一体的中华各民族的文化。

武汉大学国学院师资力量很有限，我们也希望像人民大学那样，但目前不可能过多涉足少数民族文化的研究，比如蒙古学、藏学的研究。就我们这个小小的国学院来说，我们主要还是从汉字文化的传承中，从汉字记载的古代典籍入手，来研究中国的学术、思想，当然我们也可以通过汉字记载的少数民族的文献，来研究他们的历史文化。

国学的边界何在？有人说：“国学是一个筐，什么都往里面装。”学科边界模糊，也是现代学科的特点，反而有潜力发展出新学科。所以你提的这个问题非常好，非常重要。我很早就提出国学有四个层次：第一是常识层面，即国家民族历史文化的ABC；第二是学术与技艺层面，即传统文化各门类各方面，包括地方文化、民间技艺、学术传统之传承；第三是道德价值与人生意义的层面，国学根本上是教人如何做人，懂得人生价值，培养人格操守，如何安身立命；第四是民族精神，或国魂与族魂的层面，包含中国人的信仰方式、终极关怀与安身立命之道，以及中国人的核心价值系统。

西方文明是通过宗教来传达道德的，中国不是通过宗教，它是通过人文的教化来传达道德的。中国没有典型的西方的那种一神教的宗教，中国文化是一种融合性的文化，它强调柔性的礼乐教化，没有西方宗教的排他性。但中国文化、儒学具有宗教性，所谓“人文教”、“道德的宗教”，它蕴含了世世代代的中国人的超越性追求，是中国人安身立命之所在。这种文化打通了超越与内在。我们说孔子是中国文化的代表，但把孔子作为一个狭隘的宗教的教主，那就贬低了孔子。孔子并不是所谓儒教的教主，儒家也并不是一种典型的宗教。东南亚的一些国家之所以将儒学称为孔教、儒教，那是他们为了生存的需要，在现代社会中他们不得不这样做。

国学虽不等于儒学，但儒学是中国文化的主流，儒学在价值系统、国族精神方面为国学提供了丰富的内容。实际上，传统中国社会就是一个儒家型的社会，儒学是一种社会存在，可以说它是中国社会的底色，它并不是某种狭隘的宗教，孔子也不是一个狭隘的教主。从这个意义上来说，用现在的学科体系很难界定国学。尽管国学的边界是模糊的，但我们可以从几个层次对它加以分疏，提挈它的核心价值并加以创造性的转化。

8. 采访者：武大国学院的院训是“志于道，据于德，依于仁，游于艺”。您刚才讲到国学里面有一个很重要的面向，就是国学是一个专门的学问体系。儒家历来就有“尊德性”与“道问学”的讨论，国学院的院训是不是也比较强调尊德性这一面，您刚才讲国学是一门专门的学问体系，那么我们怎么去看待这两者的关系呢？一方面要把它当成一个独立的学问体系；另外一方面他又是生命的学问，是我们安身立命之所在，这两者在国学院这样学术教育机构，如何统一起来？

郭老师答：国学中有知识系统，也有价值系统，知识系统与价值系统不是绝然二分的。按现代解释学的观点，没有绝对客观的人文学知识。但是对于一个现代的大学教育机构，我们并不将一套价值观硬塞给学生，我们是让他们自己在知识的学习中体悟、感受价值，让他们自己领会、自己体证。儒学是“生命的学问”，墨家、道家、佛学何尝不是？诸子百家都有自己的知识体系、价值系统与信仰体系，墨家讲兼爱非攻，儒家讲仁爱，道家讲放达逍遥、精神自由，各家价值系统连贯起来又构成一套系统，我们通过研习其中的知识系统，去体会其中的价值系统与信仰系统。比方说经学，它当然是一套博大精深的专门知识系统，国学教育也固然是要传授这套知识系统，可它仅仅是外在于我们生命的“客观知识”吗？它里面有价值的东西，经学不是冷冰冰的史料，它是活生生的存在。我们不应该以旁观者的身份去客观地研究经学，我们不能置身事外，而是要参与其中，因为我们就生活在传统之中。经学是常经、常道，它并没有过去，它与我们不是断裂的，而是延续的。此外，我们不仅强调学中国的经典，也重视学西方的经典。所以我们强调知识与价值的统一，强调为人为学的一致，对国学学子的培养，强调“士操”。

9. 采访者：上一期我们采访王学典先生时他有一个观点，他说十七届六中全会以来开始提倡和谐概念，实际上这是重启了伦理道德、文明秩序的重建和复兴的进程。此外，大家都纷纷提出中国学派、中国解释，那么在您看来，文史哲中尤其是

哲学，它能够在这种本土解释中发挥怎样的作用？在现代新儒学之外，诸子学也是您重要的研究领域，取得了厚重的学术成果，所以想向您请教：诸子学在当代能发挥何种作用？

郭老师答：你们采访过王学典老师，他是我很敬重的学者。这个问题提的非常好，很深刻。传统文化的复兴与现代伦理道德、文明秩序的重建是一体两面的。前面我们谈过，中国的现代化不能只是科技的昌明、商业的繁荣，不能一切只是靠政令，它还要有民间文化的力量，这就是知识人与老百姓的使命。人文学其实是健康的中国现代化的一个补充，我们希望以中国传统文化的创造性转化，对治现代科技与商业文明的负面。人不是单向度的，人的全面发展远非科技的昌明、经济的发展所能涵盖，人不能变成六亲不认的经济、金钱的动物。现代人崇拜的是权力拜物教、金钱拜物教，这是我们随时要严肃反思与深刻批判的。现代的科技文明需要人文的滋养，需要价值的指导，在经济发展的大潮中，我们要关怀人的存在，特别是要重视打工者、小民的生存状态。现在很多人轻视人文，眼里只有金钱、只有科技，用经济，用效率，用功利来衡量一切。科技的发展、经济的发展都很好，但是不能没有人文的维度，否则就会很危险。单面化的发展，社会就会坍塌，人性也会异化。所以我们强调社会的整全发展，一定要有人文的因素，特别是要以本土的中国文化作为基础。现在我们有些人数典忘祖，觉得中国文化都是负面的东西，弃之如敝屣，一谈起来都是西方如何如何。我们当然尊重西方文化，但是西方文化值得我们尊重的是什么？首先是对人及其自由的尊重，其次是宗教传统和伦理传统，再次是法治精神。我们要学习西方法治社会的制度建构，它建立的基础即1500年基督教教化的传统。我们本来有儒家教化的传统，但我们将它全部打倒了，现在要将它接续过来，这才是我们的重生之道。因此人文世界的重建是中国改革开放以后的商业与科技文明的一个重要补充，要将人文的价值与现代商业文明、科技文明结合起来，成就整全的社会，成就整全的人。这是我的一个看法。

至于诸子学，我是早有关注的。儒学也是诸子学的一种，我们讲诸子合观，儒家、道家、墨家等诸子百家，都是中华文明的组成部分。不仅是诸子，后面还有佛教传入及其的中国化，我也重视对于佛教经典的创造性诠释。诸子百家，各有其偏弊，各有其优长，从《尸子·广泽》、《庄子·天下》、《荀子·非十二子》、《韩非子·显学》，到司马谈的《论六家要旨》、班固的《汉书·艺文志》等，历代学者对诸子学都有分疏、解析。这其中有的偏重道家的立场，有的偏重儒家的立场，我们主要是讲诸子合观，我和吴根友教授合写了《诸子学通论》，过去叫《诸子学志》，重视传统的诸子，从各家各派汲取精神资源，是非常重要的。这也可以说是一个多元的传统，而现在是一个多元的世界，所以我们要将各种精神资源调动起来。我们的传统不只有儒家这一家，即使是儒家，也是吸纳了其他诸家思想资源的，比如《易传》里面就有墨家和道家的痕迹，所以我主张开放的儒学观，主张诸子合观，我们不要有狭隘的心态。有时候我们说儒家，其实是一种广义的理解，因为中国社会是儒家型的社会，儒学是中国社会的底色，它是一种社会形态。诸子百家是相互包容的，我们要取长补短。

现在新诸子的概念应该包括西方文化、阿拉伯文化和印度文化。所以我提倡新诸子的概念，即是要将西方近代文化、西方基督教传统，追索到古希腊罗马文化，还有印度教文化，佛家文化，以及阿拉伯、伊斯兰教文化等，都放进来，当然不是没有主从，不是相对主义的，而是有主有从，要有一个本土生成的大的文化的根系。这样做是不是更好一些？

10. 采访者：您有一本书名为《中国哲学智慧的探索》，您特别重视在中国哲学中有与西方文明不同的思想资源，这些独特的资源可以为我们的现代化所用，请您具体谈一谈。

郭先生答：当今世界日益成为一个地球村，意义世界的解体与丧失、人的孤独与异化、生态环境的严重破坏、族群间的紧张与冲突等所谓现代性危机是人类共同面对的问题。每个文明都应该为现代社会的健康发展提供一些养分，我们中国能提供什么？我觉得从中国哲学智慧里面可以提炼、转化出一些东西，提供给现代文明，救治一些偏颇。

当然，但凡思考宇宙、人生诸大问题，追求大智慧的，都属于哲学的范畴。中西智慧、中外哲学当然有可比较、可通约之处，但中国哲学的中心问题及问题意识与西方哲学比较起来又的确具有独特性。中国文化没有西方的一元外在超越的上帝作为背景，没有一个绝对精神和宇宙的创造者，没有此岸和彼岸的隔离，它是天人性命相贯通的文化。中国哲学不将信仰置于理性之上，强调伦理和社会事物中的理性。中国文化中没有西方式的以神为中心的启示宗教，有的是凡俗的活生生的人，在圣贤传统下的人格修养与生命生活的实践，在现实中对生命意义的追求。中国哲学智慧主张存有的连续与生机的自然。它将整个的无生物、植物、动物、人类、灵魂都看成是一个连续的生命体，这与西方机械化的、对立式的思维不一样，其宇宙论是生成论的，不是构成论的，它认为世界不是宰制性的建构，而是各种主体的参与。因此，它强调天人互动，强调理想和现实的贯通，重视生态平衡，追求人生意境。

现在我们对自然的宰制、破坏太过严重。长期以来，在西方，一元外在超越的上帝、纯粹精神是宇宙的创造者。人与神，心与物，此岸与彼岸，致思界与存在界，身体与心灵，主观与客观，价值与事实，理性与情感，乃至如如不动的创造者与被它创造的生动活泼的世界，统统被打成两橛。中国哲学则打破了彼此的隔阂，强调两者的互动互补。它强调的人性中有神性，主张在生活世界和日用伦常中去实践，消解心灵的偏执，破开自设的囚笼，悟得生命的本性，因此它具有开放性，没有那种宗教迷狂，没有那样激烈的排他性。“天人合一”的主张，实包含有经过区分天人、物我之后，重新肯定的人与自然、人与超自然的统一，强调的是顺应自然而不是片面地征服、绝对地占有自然。中国哲学家强调整体的和谐和物我的相通。他们不仅把自然看成是一和谐的体系，不仅争取社会的和谐稳定，民族、文化间的共存互尊，人际关系的和谐化与秩序化，而且追求天、地、人、物、我的和谐化。

中国智慧强调用物以“利用厚生”，但不可能导致一种对自然的宰制、控御、破坏；它强调人文建构，批评迷信，但决不消解对于“天”的敬畏和人所具有的宗教精神、终极的信念与信仰。中国哲学甚至主张人性、物性中均有神性，人必须尊重人、物（包括草木、鸟兽、瓦石、山水），乃至尽心一知性—知天，存心—养性—事天。至诚如神，体悟此心即天心，既可以达到一种精神的境界，又不会导致宗教迷狂、排他性与宗教战争，而且有安身立命的终极关怀。中国哲学并不脱离生活世界、日用伦常，相反，恰恰在庸常的俗世生活中追寻精神的超越。外王事功、社会政事、科技发展，恰恰是人之精神生命的开展。因此，中国智慧完全可以与西学、与现代文明相配合，它可以弥补宗教、科技及现代性的偏弊，求得人文与宗教、与科技、与自然的调适畅遂与和谐健康的发展。

我认为，中国智慧关于天、地、人、物、我之间的“和谐”思想、“宽容”思想，不仅为人类自然环境的生态平衡和社会人文环境的生态平衡提供了智慧，而且也是现代社会重要思想资源。中国哲学表达了自然与人文和合，人与天地万物和合的追求。其宽容、平和、兼收并蓄、博大恢宏的品格，是可以贡献给全人类的。

11. 采访者：您师从萧萐父、李德永、唐明邦等先生，在您看来这些老师带给您怎样的影响？武大哲学系的发展又有一个怎样的脉络？

郭老师答：1978年我进武大哲学系读书，然后留校任教。我是1978年10月份进校的，到今年的10月份，还差9个月，我就在武大哲学系整整待了40年，我在这里学到的不仅仅是学问，还有做人做事。武大哲学系有非常悠久的学术传统，在1922年武大（当时叫国立武昌高等师范学校）就有一个教育哲学系，方东美先生1924年回国，就在这个教育哲学系当了一名副教授，1926年正式更名为哲学系。1952年院系调整把武大哲学系并到北大，全国只有一家哲学系——北大哲学系。在李达校长的带领下，武大于1956年恢复了哲学系，并由他兼任哲学系主任。以李达校长为代表，后继者还有他的学生陶德麟先生，形成马克思主义哲学的传统。李达先生请了萧萐父、李德永、唐明邦三位先生过来，萧先生、李先生都是武大出身的，唐先生后来也一直在武大工作，这三位老师形成中国哲学的传统。西方哲学方面有江天骥先生、陈修斋先生、杨祖陶先生。美学有刘纲纪先生。

我在中国哲学方面受到三位老师的亲炙。他们那代人曲曲折折，风风雨雨，坎坎坷坷，经历了“文化大革命”的波折。我认为萧先生、李先生、唐先生对我们的教育首先是做人，其次是做学问。做人要顶天立地，心胸开阔。人会承受各种磨难，要做一个正当的人、正直的人。做学问要潜心读书，扎扎实实，不要随风飘摇，要有定见、有立场，要有看家的本领，在中国哲学的专业领域中挖掘、创新。在学术研究方面，我觉得武大哲学系是承继了北大的传统，学风朴实。武大哲学系特别强调读经典，以经典教育为主，建立国学院之后我们也强调认真读经典，包括中国与西方的经典，希望培养一点读书种子。我觉得做人、做学问的一致，是武大哲学系在哲学教育上的重要传统。

12. 采访者：您自己培养学生的过程中特别强调对于最前沿的学术动态的掌握，您也带领和鼓励学生参加各级学术会议，包括国际学术会议，您自己也主持了相关的学术研讨会，所以想请您谈一谈这些经历，以及这些学术活动与您培养学生、与您的学术研究的关系。

郭老师答：我们与世界各国学者、港台地区学者都有一些学术交流，我在武汉大学主持过好几次国际会议，如国际中国哲学大会与中型会议，郭店楚简大会，楚地出土简帛学术研讨大会等。现代新儒学的国际会议我在武汉大学主持过一次、在贵州孔学堂主持过一次。我也邀请了许多西方的学者、港台的学者到武汉大学来演讲，我也走出去进行过一定的学术交流。西方有一个杂志叫做*Contemporary Chinese Thought*（《当代中国思想》），数次刊载过我的文章。美国安靖如教授最近写信给我，说他们要翻译我的一篇文章，翻译之后就发表在这个杂志上。《当代中国思想》这个杂志以翻译为主，不是由我们去投稿，它是由西方学者选了文章之后找人翻译成英文。这个杂志是在欧洲主持并编辑、在美国出版的，它是中国学研究领域的知名的杂志。我的这篇文章之前是提交给杜维明先生主持的2017年6月嵩山“当代儒学发展的回顾与展望”研讨会的，当时的题目叫做《中国大陆儒学的新开展》，一家媒体后来以《如何正视中国大陆新儒学的发展？》之名发表。安靖如先生看到我写的这篇文章有一定的代表性，他说这个杂志要编一个专辑“大陆新儒家的青春”，就收了我这篇文章。我的相关学术论文也曾被译成英、德、俄、日、韩、斯洛文尼亚文等，被其他刊物发表。

关于学术研究的前沿、学术研究的国际化问题，我们多次组织国际学术会议，也不定期的邀请知名学者来校讲学，比如艾兰、瓦格纳、池田知久、中嶋隆藏、安乐哲、戴卡琳、梅约翰，都是海外知名的汉学家、中国哲学的专家，我曾请他们来武大讲学，有的讲了较长时间，像安乐哲先生曾讲学半年，杜维明、成中英先生也多次来讲学。邀请这些学者还是为了让我们的学生有机会听到各种声音。这些学者各人都有自己专门的治学领域，观点也大不一样，也可以说是新诸子，像中嶋隆藏主要研究道教，戴卡琳是海外墨家，梅约翰治儒学多年。武汉大学中国哲学学科和国学学科是非常重视国际学术交流的，我们请来了许多治中国哲学、汉学的西方学者与日韩学者，我自己也走出去到欧美、日本、韩国及中国的台港地区访问、讲学。这么做一个是学生的需要，我也带学生出去参加学术会议，学生要听到各种不同的声音，而且他们要练好外语；另一个是我们自身发展的需要，因为现代社会不是一个封闭的社会，即使是批评儒学的人，我们也要捍卫他说话的权利，甚至将他请过来让他发表自己的观点，只有在相互诘难与辩论中，学术才能得到发展。这些当然是学理性的讨论。我觉得学术交流就是要借助世界的眼光，听取不同的声音，让老师和同学们受到启发和教育。

多年来我对于郭店楚简、上博楚简等新出土的文献做了一些研究，写了一些文章，也带了一些学生做博士论文，对出土文献做了一些哲学的诠释。我还是看重王国维先生的“二重证据法”，当然现在饶宗颐先生讲三重证据法。传世文献非常重要，出土文献也重要，不过现在有个偏向，是讲出土文献的讲过头了，有点忽视传世文献了。这就矫枉过正了。我们还是要以传世文献为主，出土文献只是补充，虽然出土文献很重要。五四以来的大学问家讲新材料、新方法，我们的老师萧萐父先生也特别强调新的方法论、新材料的发掘，这是由五四以来的学术传统延续过来的。强调新材料和新方法，把传世文献和出土文献结合起来，这是国学发展很重要的一个路子。

自1993年以来，在院系同仁的支持、帮助下，我培养了45名博士，20名博士后，28名硕士，15名访问学者，培养质量尚可。这得益于本院扎实的学风与开放的学术氛围。

13. 采访者：最后一个问题就是您在向大众普及国学方面做了很多的工作，是出于怎样的情怀，有什么样的体会和心得？还有您对于我们青年学生有一些怎样的寄语呢？

郭老师答：这些年来，我也想好好向大众传播儒学和国学，但是实在是抱歉，因为年纪大了，七十岁了，再加上身体也差了，心有余而力不足，做得很不够，只能寄望青年学人来接着做了。至于出于一种什么样的情怀呢？还是陆游的那首诗上说的，“纸上得来终觉浅，绝知此事要躬行”。儒家的学问不是纸上的东西，不是书桌上的东西，它要躬行实践，它是我们内在的修养，自然体现、呈现在我们的日常行为与待人接物当中。

我出身于一个普通小商人的家庭，我父母亲文化程度不高。我祖父读的书稍多一点，他在武昌高级商业学堂（清末叫武昌甲种实业学堂）毕业，学的是商科，后做点小生意，曾被选为武昌商会的会长，也做慈善，办至善堂，算社会贤达。我父亲上高小的时候，参加了童子军，很活跃，我祖父怕他参加革命就将他带回家，后来让他去汉口学做布匹生意。我就是出身于这样的民间小商家庭。我的不少老师，小学中学大学的老师，给了我很多教诲。我们要继承阳明讲的身心合一、知行合一的传统，这是我觉得可以分享给青年朋友们的。我们一方面要好好读书，读经史子集的基本经典；另一方面要躬行实践。我校历史系有一位石泉先生，他是历史地理学的专家，他有两句话我很欣赏，叫“岂能尽如人意，但求无愧于心”。我们一生还是“但求无愧于心”为好，真正的做人还是要对得起我们读的诗书，使自己的一生过得有意义！

对于文史哲专业的学生来说，我们还是要花力气、下苦功学习经典，一定要一字一句地读经典。一个人要有看家的本领，比方说经史子集各个部类的书，不可能读多，但一个部类精读一到两种是可能的。当然《四书》、《老子》、《庄子》、《坛经》、《近思录》、《传习录》等是基础之基础，大家都要学的，要化为自己的行为。这是钱宾四先生开的国人必读的书。在这个基础之上，至少还要把此外的，经史子集的每一部类的书，读一到两种，连注笺一起读，深入地一字一句地读，这是我们看家的本领。另外，还要读一点西方的经典，行有余力读一点印度的经典。我觉得治学要有广博的胸襟，要有多元文化的陶冶。就怕碎片化地阅读，所谓“标题党”，望文生义，只看手机不去读纸本。我还是希望人文学子能从认字开始，有古文字的基本训练，读纸本，以纸本研读为主。我们武大国学院的学生读书都是读纸本、读刻本，最好是读白文，自己句读。这是治学的基础。

为人上，我觉得还是一个“诚”字——实实在在，“诚”就是“真实无妄”。人要诚心，做什么事情都做得好，这也是王阳明与曾国藩的经验。王阳明一介书生，他怎么会打仗呢？曾国藩天资并不高，为什么能成为治世之能臣呢？他们只是将所学的，用到生命实践当中。我当过几年哲学系（院）的负责人，口碑不错，那是2000年底至2007年秋之间，据老师们评论说是该系（院）发展最好、人际关系最和谐的时期。最后我在离任时讲几句话，忽然蹦出一句话来，大家都很吃惊，我自己也很吃惊。我说我做院长其实就是按照儒家的精神做的，是“以儒治院”。因为学习了儒家的学问，自然就会按照它去做，以仁心、公心做事，兼善全院师生，调动各种积极性。如果我们真有儒家的修养，我们自然而然就能做好各种事业，所谓内圣和外王是打通的，修己与安百姓是打通的。曾国藩也没有想到他会成为中兴名臣，王阳明也没有想到他会平定宁王之乱。他们的经验告诉我们，学习儒家经典与为世所用并不是隔绝的。

我也希望同学们有各种本领，武大的国学班比较小，为什么呢？过去我们还是担心学生择业困难，因此人数较少。当然我们也考虑到小班授课，效果较好。同学们除了学习国学，也学了一些现代科学文化知识。好在从2001级开始，至今十七八年来，我们国学班的本科生，到目前为止还没听说过他们毕业后无法就业的。硕、博士生的情况更好。其实国学学好了，在社会上总会有立足的空间，所以我反倒不担心他们的就业问题。社会上亟须受过正规训练的国学人才，大中小学的国学师资有较大的缺口，应大力培养。

此外，现在有一些大学生在求学的过程中，出现一些心理失衡、焦虑，甚至是排解不开等情况，原因是多方面的，可能是源自家庭问题，也可能是社会的因素，但我觉得是可以用国学智慧来加以调节的。中国传统的价值理想与人生信念，特别是儒释道三教与宋明道学（或理学）中的智慧，会给我们提供一些心理调节的资源，首先是人生的目的与意义的贞定，乃至宇宙意识的开发。中国文化中充满着生命与生存的大智大慧，需要我们慢慢咀嚼、体会与实践。

（2017年12月26日澎湃新闻记者郭伦、邓啸林等采访，谢远笋、邓啸林等整理。澎湃新闻发布时内容有删减，本书收录时全文发布。）

国家新闻出版广电总局
首届向全国推荐中华优秀传统文化普及图书

‖大家小书书目

经典常谈	朱自清　著
语言与文化	罗常培　著
习坎庸言校正	罗　庸　著　杜志勇　校注
鸭池十讲（增订本）	罗　庸　著　杜志勇　编订
古代汉语常识	王　力　著
国学概论新编	谭正璧　编著
文言尺牍入门	谭正璧　著
日用交谊尺牍	谭正璧　著
敦煌学概论	姜亮夫　著
训诂简论	陆宗达　著
金石丛话	施蛰存　著
常识	周有光　著　叶　芳　编
文言津逮	张中行　著
中国字典史略	刘叶秋　著

古典目录学浅说	来新夏　著
闲谈写对联	白化文　著
怎样使用标点符号（增订本）	苏培成　著
诗境浅说	俞陛云　著
唐五代词境浅说	俞陛云　著
北宋词境浅说	俞陛云　著
南宋词境浅说	俞陛云　著
人间词话新注	王国维　著　滕咸惠　校注
苏辛词说	顾　随　著　陈　均　校
诗论	朱光潜　著
唐诗杂论	闻一多　著
诗词格律概要	王　力　著
唐宋词欣赏	夏承焘　著
槐屋古诗说	俞平伯　著
词学十讲	龙榆生　著
词曲概论	龙榆生　著
中国古典诗歌讲稿	浦江清　著 浦汉明　彭书麟　整理

唐人绝句启蒙	李霁野　著
唐宋词启蒙	李霁野　著
古典文学略述	王季思　著　王兆凯　编
古典戏曲略说	王季思　著　王兆凯　编
唐宋词概说	吴世昌　著
宋词赏析	沈祖棻　著
道教徒的诗人李白及其痛苦	李长之　著
闲坐说诗经	金性尧　著
陶渊明批评	萧望卿　著
舒芜说诗	舒　芜　著
名篇词例选说	叶嘉莹　著
唐诗纵横谈	周勋初　著
楚辞讲座	汤炳正　著
	汤序波　汤文瑞　整理
好诗不厌百回读	袁行霈　著
山水有清音	
——古代山水田园诗鉴要	葛晓音　著

门外文谈	鲁　迅　著
我的杂学	周作人　著　张丽华　编
论雅俗共赏	朱自清　著
文学概论讲义	老　舍　著
中国文学史导论	罗　庸　著　杜志勇　辑校
给少男少女	李霁野　著
鲁迅批判	李长之　著
英美现代诗谈	王佐良　著　董伯韬　编
三国谈心录	金性尧　著
夜阑话韩柳	金性尧　著
英语学习	李赋宁　著
漫谈西方文学	李赋宁　著
历代笔记概述	刘叶秋　著
笔祸史谈丛	黄　裳　著
古典诗文述略	吴小如　著
有琴一张	资中筠　著
鲁迅作品细读	钱理群　著
唐宋八大家 ——古代散文的典范	葛晓音　选译

红楼梦考证　　胡　适　著

《水浒传》与中国社会　　萨孟武　著

《西游记》与中国古代政治　　萨孟武　著

《红楼梦》与中国旧家庭　　萨孟武　著

《金瓶梅》人物　　孟　超　著　张光宇　绘

水泊梁山英雄谱　　孟　超　著　张光宇　绘

《红楼梦》探源　　吴世昌　著

《西游记》漫话　　林　庚　著

细说红楼　　周绍良　著

红楼小讲　　周汝昌　著　周伦玲　整理

曹雪芹的故事　　周汝昌　著　周伦玲　整理

古典小说漫稿　　吴小如　著

三生石上旧精魂
——中国古代小说与宗教　　白化文　著

《金瓶梅》十二讲　　宁宗一　著

古体小说论要　　程毅中　著

近体小说论要　　程毅中　著

文学的阅读　　洪子诚　著

中国戏曲　　么书仪　著

中国史学入门	顾颉刚　著　何启君　整理
秦汉的方士与儒生	顾颉刚　著
三国史话	吕思勉　著
史学要论	李大钊　著
中国近代史	蒋廷黻　著
民族与古代中国史	傅斯年　著
五谷史话	万国鼎　著　徐定懿　编
民族文话	郑振铎　著
史料与史学	翦伯赞　著
唐代社会概略	黄现璠　著
清史简述	郑天挺　著
两汉社会生活概述	谢国桢　著
中国文化与中国的兵	雷海宗　著
两宋史纲	张荫麟　著
明史简述	吴　晗　著
北宋政治改革家王安石	邓广铭　著
从紫禁城到故宫 ——营建、艺术、史事	单士元　著
史学遗产六讲	白寿彝　著

司马迁之人格与风格	李长之　著
司马迁	季镇淮　著
唐王朝的崛起与兴盛	汪　篯　著
二千年间	胡　绳　著
论三国人物	方诗铭　著
考古发现与中西文化交流	宿　白　著
中国古代国家的历史特征	张传玺　著
艺术、神话与祭祀	张光直　著 刘　静　乌鲁木加甫　译
中国古代衣食住行	许嘉璐　著
中国古代史学十讲	瞿林东　著
黄宾虹论画	黄宾虹　著
中国绘画史	陈师曾　著
和青年朋友谈书法	沈尹默　著
中国画法研究	吕凤子　著
桥梁史话	茅以升　著
中国戏剧史讲座	周贻白　著
俞平伯说昆曲	俞平伯　著　陈　均　编

新建筑与流派	童　寯　著
论园	童　寯　著
拙匠随笔	梁思成　著　林　洙　编
中国建筑艺术	梁思成　著　林　洙　编
沈从文讲文物	沈从文　著　王　风　编
中国画的艺术	徐悲鸿　著　马小起　编
中国绘画史纲	傅抱石　著
中国舞蹈史话	常任侠　著
海上丝路与文化交流	常任侠　著
世界美术名作二十讲	傅　雷　著
中国画论体系及其批评	李长之　著
金石书画漫谈	启　功　著　赵仁珪　编
吞山怀谷——中国山水园林的艺术	汪菊渊　著
中国古代音乐与舞蹈	阴法鲁　著　刘玉才　编
梓翁说园	陈从周　著
旧戏新谈	黄　裳　著
民间年画十五讲	王树村　著　姜彦文　编
民间美术与民俗	王树村　著　姜彦文　编

长城史话	罗哲文　著
中国古园林概说	罗哲文　著
现代建筑奠基人	罗小未　著
世界桥梁趣谈	唐寰澄　著
如何欣赏一座桥	唐寰澄　著
桥梁的故事	唐寰澄　著
园林的意境	周维权　著
万方安和 ——皇家园林的故事	周维权　著
现代建筑的故事	吴焕加　著
中国古代建筑概说	傅熹年　著

国学救亡讲演录	章太炎　著　蒙　木　编
简易哲学纲要	蔡元培　著
大学教育	蔡元培　著 北大元培学院　编
老子、孔子、墨子及其学派	梁启超　著
中国政治思想史	吕思勉　著
天道与人文	竺可桢　著　施爱东　编

春秋战国思想史话	嵇文甫　著
晚明思想史论	嵇文甫　著
新人生论	冯友兰　著
中国哲学与未来世界哲学	冯友兰　著
谈美书简	朱光潜　著
中国古代心理学思想	潘　菽　著
民俗与迷信	江绍原　著　陈泳超　整理
佛教基本知识	周叔迦　著
儒学述要	罗　庸　著　杜志勇　整理
希腊漫话	罗念生　著
佛教常识答问	赵朴初　著
大一统与儒家思想	杨向奎　著
孔子的故事	李长之　著
西洋哲学史	李长之　著
乡土中国	费孝通　著
社会调查自白	费孝通　著
经学常谈	屈守元　著
墨子与墨家	任继愈　著
汉化佛教与佛寺	白化文　著
中西之交	陈乐民　著

出版说明

“大家小书”多是一代大家的经典著作，在还属于手抄的著述年代里，每个字都是经过作者精琢细磨之后所拣选的。为尊重作者写作习惯和遣词风格、尊重语言文字自身发展流变的规律，为读者提供一个可靠的版本，“大家小书”对于已经经典化的作品不进行现代汉语的规范化处理。

提请读者特别注意。

北京出版社